미래를 준비하는
실전 무역물류 실무

연세대학교
경제학과 졸업

관세사 합격

관세청 7급 공채
수석 합격

GBTS 경영 본부장
베스트 관세법인 파트너

blog.naver.com/hohosik77

그림 : 히라(HIRA)
hiracomics

김호승 지음

미래를 준비하는
실전 무역물류 실무

챗GPT(오픈AI)가 그린 표지(Prompt: 빈센트 반고흐가 그린 미래물류)입니다 ◀

트렌드코리아 2024 키워드 '호모 프롬프트(Rise of Homo Promptus)'

'AI에게 원하는 답을 구하기 위해 인간이 던지는 질문'

물류 디지털 스타트업에 뛰어든 세관 공무원 출신 관세사가
AI(인공지능)으로 질문하기 위해 정리한 실전 무역물류 실무

생각나눔

세관 공무원, 관세사, 스타트업 … 수출입 업무를 글로 배웠기 때문에 항상 시작은 우당탕탕의 연속이었습니다. 인보이스(Invoice)는 누가 발행하는지도 몰랐고 보고서 문서 작성부터 MS 다루는 기술도 부족해서 남들보다 많은 시간과 노력이 필요했습니다.

수출입 무역 업무를 처음으로 접하는 직장인과 실무가 궁금한 수험생이 제가 겪은 우당탕탕을 겪지 않고 시행착오를 줄이기를 바라며 실무 지식을 챕터별로 정리했습니다. 추가로 제가 근무 중인 'GBTS(지비티에스)'는 수출입 업무를 디지털 전환(DX)하기 위한 방법을 연구·개발하고 있습니다. 디지털 전환을 위해 필요한 수출입 지식을 점검하고 다양한 물류 전문가들과 소통하기 위해 이 책을 쓰게 되었습니다.

생성형 AI 출현, 드론과 로봇의 일상화를 눈앞에서 보고 공무원이 아닌 급변하는 스타트업 사회로 뛰어 들었습니다. 우리나라 수출입 업무에 기여하기 위해 계속해서 아이디어를 테스트하고 도전하겠습니다.

항상 겸손한 자세로 건전한 피드백을 받아 콘텐츠를 업그레이드하겠습니다. 더 나은 세상을 위해 지금도 어디선가 문제 해결을 위해 노력하고 있는 세상 모든 개척자(Pioneer)를 응원합니다.

끝으로, 이 책이 나올 수 있도록 도움을 주신 GBTS 및 베스트 관세법인 서창길 대표님과 윤성준 기술이사(CTO)님, 베스트 관세법인 가족분들 모두에게 감사의 인사를 드립니다. 더불어 항상 새로운 도전을 응원하는 아내와 아들 은율, 지금의 저를 있게 한 아버지 김하곤, 어머니 오덕녀 그리고 장인어른 송선태, 장모님 김서경 님께 진심으로 감사의 인사를 드립니다.

북한산 단풍이 보이는 스타벅스 카페에서

2023년 10월

김호승

목 차
CONTENTS

PART I

무역, 어디서부터 시작해야 하나요?

-무역 전체 한눈에 보기-

01. 무역이 어려운 이유는?

출처: 쿠팡(Coupang)

E-Commerce 시장이 활성화되면서 이제 스마트폰이나 웹 (Web)으로 생필품을 주문하는 게 생활의 일부가 되었습니다. 국내 대표적인 서비스 쿠팡(Coupang) 주문 절차는 '주문 → 결제 → 물품 수령'으로 아주 간단합니다.

해외 직구를 한 번이라도 해보신 분은 아시겠지만, 국제 배송도 똑같은 방식인데 해외에서 물건을 사고파는 국제 무역 (International Trade)을 이야기하면 왜 거부감이 느껴질까요?

대표적으로 두 가지 이유가 있습니다.

첫째,

무역 당사자가 다른 언어를 사용하고 물리적으로 멀리 떨어져 있습니다

살까기, 꼬부랑국수, 하루살이 양말에 대해 들어보셨나요? 북한말로 살까기는 다이어트, 꼬부랑국수는 라면, 하루살이 양말은 스타킹입니다. 같은 말을 사용하는 대한민국과 북한에서도 이렇게 의사소통에 차이가 발생하는데요. 하물며 바다 건너 외국인과 거래할 때는 그 나라의 언어, 문화관습 등 넘어야 할 산들이 많습니다.

특히, 언어 차이로 의사소통에 장애가 발생하면 어떨까요? 장거리 연애가 힘든 이유는 직접 만나서 이야기하고 상대방과 교감하지 못해 쉬운 문제도 어렵게 돌아가기 때문인데요. 무역도 마찬가지로 바다 건너 외국에 있는 무역 상대방과 직접 만나서 문제 해결을 위한 대화를 할 수 없기 때문에 쉬운 문제도 돌아가는 경우가 많습니다.

둘째.

서로 다른 나라의 법률이 적용됩니다

박수도 두 손이 맞닿아야 소리가 나듯 수출입 무역도 최소 2개국에 있는 무역 당사자(수출자, 수입자)가 참여해야 가능합니다. 그렇기 때문에 법률, 운송, 통관 등 최소 2개국(수출국, 수입국)의 법률을 검토해야 하죠. 경우에 따라서는 그 이상(제3자 무역 등)의 법률 이슈도 고려해야 합니다.

무역에서 매출 과정(수출)에서 발생하는 각종 비용 관리와 매입 과정(수입)에서 발생하는 원가 관리도 중요하지만 잘못된 방식으로 무역을 시작하면 과태료, 과징금을 넘어 형사적인 처벌까지 받을 수 있기 때문에 사전에 관련 전문가의 상담(컨설팅)이 필요할 수 있습니다.

02. 수출 계약 단계별 절차 및 정보 검색 사이트

출처: 중앙일보 박용석 만평 https://news.joins.com/article/23492957

'탄광 속의 카나리아'에 대해 들어보셨나요. '카나리아 (Kanaria)'라는 새는 탄광 속 유독가스에 민감합니다. 광부들은 탄광 속에서 유독가스에 민감한 카나리아의 움직임을 보고 갱도 안에서 발생하는 유독가스를 조기에 알 수 있습니다.

세계 경제위기를 조기에 알려주는 '탄광 속의 카나리아'가 있는데요. 우리나라 산업통상자원부에서 매달 1일 발표하는 수출 통계가 그 역할을 담당하고 있습니다. 한국 수출은 중

간재 비중이 높고 글로벌 주요 선진국과의 교역 비중이 높기 때문에 세계 전문가들이 우리나라 수출 통계를 관심 있게 지켜보고 있습니다. 또한, 다른 나라보다 빨리 통계가 발표되는 영향도 있습니다. (역시 스피드는 대한민국이죠.)

이번 장에서는 수출 시작 전 사전준비 단계에서 검토할 정보를 단계별로 알아보겠습니다.

① 목표 국가 정보 확인

출처: JTBC 재벌집 막내아들

2022년, 넷플릭스(NETFLIX)에서 『재벌집 막내아들』 시리즈
가 성공적으로 방영되었습니다. 재벌집 총수 일가의 생활과
국내 대기업 성장사를 보여주는 스토리인데요. 두 재벌의 신
경전을 보는 재미가 쏠쏠했습니다. 진양철과 라이벌인 주영일
은 진양철의 막내아들(극중 송중기)을 칭찬하며 "돈 냄새는 기가

막히게 맡는다."라고 대화를 주고받는 장면이 있었습니다.

돈 냄새가 나는 목표 판매 국가(Target Selling Country)를 검색할 수 있는 대표적인 3가지 방법을 소개하겠습니다.

1. Kotra(대한무역투자진흥공사)**:**

홈페이지(http://news.kotra.or.kr) **>> 국가·지역 정보**

전 세계의 국가 정보를 일반, 무역, 투자로 카테고리화해서 제공합니다. 특히 검색 국가 진출 전략과 도시별 최신 정보 (출장 자료)도 확인할 수 있습니다.

2. 관세청: 해외 통관 지원 센터 홈페이지

(https://www.customs.go.kr/foreign/main.do)

매월 발표하는 '해외 관세 동향'을 조회할 수 있고, 국가별 통관 정보도 확인할 수 있습니다. 해외 관세청 홈페이지와 해외 무역 기관(상공회의소 등)의 연락처 정보도 알 수가 있습니다.

3. 외교부: 홈페이지(https://www.mofa.go.kr/www/index.do) **>> 영사·국가/지역**

해외 국가 정보를 외교 관계 중심으로 제공하고 있습니다. 전반적인 해외 판매 국가의 사전 정보 확인을 위한 검색 용도로 활용하기 좋습니다.

② 목표 기업 정보 확인

숨은 환급금 찾아주는 '삼쩜삼' 서비스 화면

국내 스타트업 '삼쩜삼' 서비스는 프리랜서의 종합 소득세 환급으로 유명합니다. 삼쩜삼 서비스를 런칭한 '자비스앤빌런즈'는 최초 사업으로 미수금 관리 서비스인 '돈받자'로 런칭했는데요. 당시 자체 조사한 자료에 따르면 우리나라 기업의 평균 미수금 금액 규모가 6,120만 원이나 된다고 합니다.

기업에서는 매출만큼이나 미수금 관리가 중요한데요. 국내 거래처도 신용정보 검색 등으로 미수금 관리에 신경을 쓰는데 거래처가 해외에 소재해 있으면 해당 기업의 신용 정보를 확인하기 더욱 어렵습니다.

참고로 23년 현재 GBTS 무료 회원 가입하시면 신용보증기금에서 제공하는 국내 기업 신용정보를 무료로 조회(프로모션)할 수 있습니다.

무역 거래를 시작하기 전 해외 기업에 대한 정보(매출액 규모, 종업원 수 등)를 사전에 확인할 수 있는 방법을 안내하겠습니다.

1. 무역 디렉토리 사이트 조회

주요 국가에서 발간하는 무역 디렉토리를 이용해 기업에 대한 정보를 획득할 수 있습니다.

국 가	홈페이지 주소
미 국	www.thomasnet.com
	www.tradekey.com
	www.macraesbluebook.com
영 국	https://wck2.companieshouse.gov.uk
인 도	www.indiamart.com
중 국	www.alibaba.com

2. 코트라 해외 수입 업체 연락처 확인

거래처가 해외 국가에 실제로 존재하는지 여부와 대표 전화번호를 알아보는 서비스입니다. 연간 6개까지 업체를 확인하는 데 발생하는 비용은 무료이지만 추가 확인은 건당 1만 원의 비용이 발생합니다. 조사 기간은 신청 후 약 2주가 소요됩니다.

💬 [경로] 홈페이지 접속(www.kotra.or.kr) 》 사업소개 》 파트너 연결 지원 》 시장 조사 》 세부 사업 보기 》 해외 수입 업체 연락처 확인

3. 한국무역보험공사(K-Sure) 국외 기업 신용 조사 서비스

해외 소재 기업의 재무 정보 등을 보고서 형태로 제공하는 서비스로 중소기업은 33,000원, 대기업은 66,000원 비용이 발생하는 유료 서비스입니다.

💬 [경로] 홈페이지 접속(www.ksure.or.kr) 》 사이버 영업점 》 기업 고객 》 국외 기업 신용 조사 신청

③ 해외 인증 및 수입 요건

The first step is always the hardest.
시작이 반이다. / 어떤 일을 성취하는데 있어
가장 어려운 것은 시작이다.

출처: 매일경제, 미국식 표현이 쏙쏙, FUNglish-192

"시작이 반이다."라는 표현 많이 들어보셨죠. 실행의 중요성을 강조한 말입니다. 수출에서 상대국 인증과 요건만 갖췄다면 무역에서 절반 이상 진행했다고 생각할 수 있을 정도로 해외 수입 국가에서 요구하는 인증 및 요건 확인이 중요합니다.

수입 인증과 요건대상 물품은 대부분 사람의 오감과 관련 있습니다. 피부에 바르고, 먹고, 눈으로 보는 그러한 활동과 관련된 물품이죠. 이런 물품들은 수입 국가에서 물품을 수입할 때 국민의 건강을 보호할 목적으로 여러 가지 인증 등을 요구합니다(우리나라에서도 여러 인증과 요건들이 있습니다.).

해외에 요구하는 다양한 인증과 요건 정보 검색 방법으로 아래 3가지 방법이 있습니다.

1. 코트라 해외 시장 뉴스(https://dream.kotra.or.kr/kotranews/ index.do) **>> 상품 산업 >> 해외 인증 정보**

2. 통합무역정보서비스 Tradenavi(http://www.tradenavi. or.kr) **>> 무역 규제 >> 해외 인증/해외 규격/수입 요건 >> 국가 선택**

3. 해외인증정보시스템(http://cic.ktl.re.kr) **>> 상담 서비스 >> 인증 상담 or 맞춤형 정보 조사**

해외 인증 내용은 너무 다양하고 비용 부담도 크기 때문에 중소기업에는 수출 장애 요인으로 작용합니다. 이러한 중소기업익 해외규격 인증 획득이 어려움을 해결하고 규격 정보를 지원하기 위한 국가 기관도 함께 안내드립니다.

기 관	부 서
중소벤처기업부	글로벌성장정책과
한국화학융합시험연구원	수출인증지원센터

해외 규격 인증 획득 관련 정부 기관

반면 국내로 수입하는 물품은 HS CODE(무역 지식 UP 1 참고)에 따라 아래 수출입 공고, 통합 공고, 세관장 확인 대상 물품에 해당하는지 미리 확인해야 합니다.

구 분	내 용
수출입 공고	- 『대외무역법』 제11조에 따라 국제조약과 법규에 따른 의무의 이행 등을 위해 산업통상자원부장관은 지정·고시하는 물품 등의 수출 또는 수입을 제한하거나 금지할 수 있습니다. - 수출입공고상의 해당 수입요령에 규정되어 있는 기관, 단체의 장으로부터 수입승인을 받아야 합니다.
통합 공고	- 『대외무역법』 제12조에 따라 대외무역법 외 다른 법령에서 해당 물품의 수출입의 요건 및 절차 등을 정하고 있는 경우에는 수출입 요건 확인 및 통관 업무의 간소화와 무역질서 유지를 위해 다른 법령이 정한 물품의 수출입의 요건 및 절차에 관한 사항을 조정하고 이를 통합하여 규정합니다. - 수입물품이 통합 공고상 수입요건 확인품목이면 통합 공고상의 요건 확인 기관에 수입요건 확인 신청해서 수입요건 확인서를 발급받아야 합니다. (승인 유효기간은 1년입니다.)
세관장 확인	- 관세법 제226조의 규정에 따라 수출입할 때 법령에서 정하는 바에 따라 허가·승인·표시 또는 그 밖의 조건을 갖출 필요가 있는 물품 중 통관 단계에서 세관장의 확인이 필요한 수출입 물품에 대해서는 다른 법령에도 불구하고 해당 물품, 확인 방법 및 그 밖에 필요한 사항을 미리 공고합니다(세관장 확인 고시) - 세관장 확인 대상은 통관 단계에서 필수로 확인하는 요건이기 때문에 수입 단계에서 최우선적으로 확인해야 합니다.

출처: 수입 신고 정확도 제고를 위한 HSK별 품명, 규격 수입 신고 가이드
(관세청, 22. 12. 30.)

④ FTA 자료 준비(절세)

수출 물품이 해외 수입국에 수입되는 과정에서 관세를 절약할 수 있다면 그만큼 해당 관세만큼 판매 가격이 낮아지기 때문에 수입국에 판매할 때 가격 경쟁력을 확보할 수 있습니다.

관세를 합법적으로 절약할 수 있는 가장 내표적인 방법으로 FTA가 있습니다.

출처: 산업통상자원부 FTA 홈페이지

FTA는 Free Tradc Agreement(자유무역협정)의 약자로 FTA 체결 국가 간에 상품 및 서비스 교역에서 발생하는 관세 및 무역 장벽을 철폐해서 FTA 국가들끼리 잘 먹고 잘살자고 체결한 협약입니다.

2023년 10월 기준, 우리나라는 총 52개국과 15개 FTA 협정을 체결했습니다(대부분의 무역 국가들과 FTA를 체결했습니다.).

FTA는 협정국 간에만 무관세 등 혜택을 제공하기 때문에 FTA 혜택을 제공받기 위해서는 해당 물품이 체결 국가에서 생산되었음을 증명하는 '원산지 증명서(C/O, Certificate of Origin)' 준비가 중요합니다(수출입 물건에 따라 원산지 결정 기준은 다릅니다.).

아래 체크리스트를 통해 FTA 협정 활용 시 관세 등 혜택을 적용받을 수 있다면 FTA 관세율을 적극적으로 활용하시기 바랍니다.

단계	내용	설명
1	FTA 협정 국가 확인	수출 대상 국가와 우리나라가 FTA를 체결했는지 확인합니다. 관세청 FTA 사이트(https://www.customs.go.kr/ftaportalkor/main.do) 참고
2	FTA 실익 판단	수출품 HS CODE를 확인해서 FTA 세율이 기본 세율보다 낮은 세율을 적용받을 수 있는지 확인합니다.
3	원산지 증명서 발급	FTA 세율이 낮다면 원산지 증명서를 준비합니다. 협정문에 HS CODE별로 원산지 결정 기준을 안내하고 있습니다.
4	사후 관리	원산지 관련 서류를 작성일 또는 발급일로부터 5년간 보관해서 세관 사후 검사에 대비합니다.

FTA 적용 단계별 체크리스트

※ 수출 물품이 상대국으로 수입될 때 적용되는 관세율 등을 확인할 수 있는 대표적인 사이트로 심플로지스에서 제공하는 '커스트피아(https://custpia.simplogis.com)'가 있습니다.

1. HS CODE

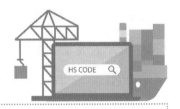

1. HS CODE란?

수출입 무역에서 사용하는 HS CODE의 풀네임(Full name)은 'Harmonized Commodity Description and Coding System'입니다. 영어가 너무 길어서 약간 부담스럽지만, 한국어로 번역하면 '국제통일 물품 번호 체계표'로 이해하시면 됩니다.

전 세계 국가의 언어와 문화가 다르기 때문에 무역하는 물품명을 통일하는 방법은 세계 공통으로 사용하는 아라비아 숫자를 이용하는 방법입니다. HS코드는 국제 공통으로 사용하는 첫 6자리와 나라별로 추가 4자리가 붙어져 10자리 길이로 사용할 수 있습니다. 우리나라 HS CODE인 HSK(HS Korea)도 현재 10자리를 사용하고 있습니다.

2. 제정 기구

HS코드는 WTO(국제무역기구, World Trade Organization)의 산하 기구인 WCO(국제관세기구, World Customs Organization)에서 제·개정합니다.

HS CODE는 보통 약 5년 주기로 개정되었습니다. 하지만 최근 기술 발전 속도가 빠르고 새로운 상품들이 많이 개발되면서 개정 주기도 조정되고 있습니다.

일례로 과거 레깅스(Leggings)는 '속옷'으로 인식했지만 최근 헬스 등 운동복으로 활동과 기능 범위가 확장되면서 해당 물품의 정확한 품목분류가 논의되고 있습니다. 문제는 한-중 FTA에서 레깅스가 바지로 분류(HS CODE 6104호)되면 관세가 13% 부과되고 내의로 분류(HS CODE 6108호)되면 관세가 5.2%로 발생한다는 점입니다.

관세뿐만 아니라 HS CODE에 따라 수출입 요건도 결정되기 때문에 수출입 준비과정에서 HS CODE 분류는 정말 중요합니다. 참고로 최근 개정된 HS 최신 버전은 HS2022입니다(2022년부터 효력이 발생했습니다.).

3. HS CODE 읽는 방법

HS CODE의 첫 2개 숫자를 '류(Chapter)'라고 합니다. HS CODE는 01류부터 97류(77류 유보)가 있습니다. 01류부터 97류까지 한눈에 확인할 수 있는 표를 '속견표'라고 합니다.

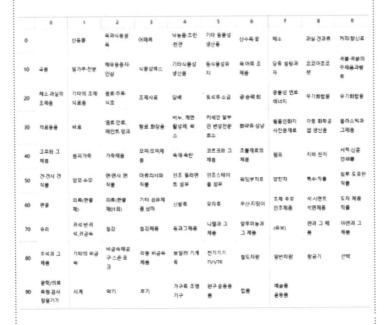

	0	1	2	3	4	5	6	7	8	9
0		산동물	육과식용설육	어패류	낙농품·조란·천연	기타 동물성 생산품	상수목꽃	채소	과실·견과류	커피·향신료
10	곡물	밀가루·전분	채유용종자·인삼	식물성엑스	기타식물성 생산품	동식물성유지	육·어류조제품	당류·설탕과자	코코아초코셋	곡물·곡분의 주제·빵과자류
20	채소 과실의 조제품	기타의 조제식료품	음료·주류·식초	조제사료	담배	토석류·소금	광슬레회	광물성 연료 에너지	무기화합물	유기화합물
30	의료용품	비료	염료·안료·페인트·잉크	향료·화장품	비누·계면활성제·왁스	카세인 알부민 변성전분효소	화약류·성냥	필름인화지 사진용재료	각종 화학공업 생산품	플라스틱과 그제품
40	고무와 그제품	원피·가죽	가죽제품	모피·모피제품	목재·목탄	코르크와 그제품	조물재료의 제품	펄프	지와 판지	서적·신문·인쇄물
50	견·견사·견직물	양모·수모	면·면사·면직물	마류의사와직물	인조 필라멘트 섬유	인조스테이플 섬유	워딩·부직포	양탄자	특수직물	침투·도포한 직물
60	편물	의류(편물제)	의류(편물제외)	기타 섬유제품·넝마	신발류	모자류	우산·지팡이	조제 우모·인조제품	석·시멘트·석면제품	도자 제품·직물
70	유리	귀석·반귀석·귀금속	철강	철강제품	동과그제품	닉켈과 그제품	알루미늄과 그제품	(유보)	연과 그제품	아연과 그제품
80	주석과 그제품	기타의 비금속	비금속제공구·스푼포크	각종 비금속 제품	보일러 기계류	전기기기 TV·VTR	철도차량	일반차량	항공기	선박
90	광학/의료 측정검사 정밀기기	시계	악기	무기	가구류 조명기구	완구·운동용품	잡품	예술품 골동품		

'류(Chapter)'를 표시한 '속견표'

매트리스 모양으로 된 속견표에서 왼쪽 열은 10의 자리 숫자를 나타내고, 위쪽 행은 1의 자리 숫자를 나타냅니다.

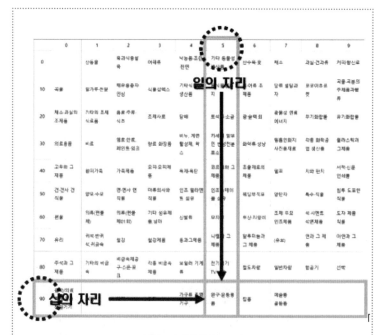

출처: 관세법령정보포털

01류부터 97류는 '원재료 → 중간재 → 완제품' 순서로 되어 있습니다. 예를 들어, 돼지고기 자체는 01류로 분류하지만, 돼지고기를 가공한 육제품은 16류로 분류합니다. 또한, 철강은 72류로 분류하지만, 철강으로 만든 제품은 73류로 분류합니다.

처음 2개의 숫자(류, Chapter) 이후에 따라오는 2개의 숫자를 합쳐서 '호(Heading)'라 부르며 그 이후 따라오는 2개의 숫자를 합쳐 '소호(Sub-heading)'라고 합니다. '류(Chapter)'에서 '호(Heading)'를 거쳐 '소호(Sub-heading)'로 갈수록 물품의 특성은 더욱 상세히 설명하고 있습니다.

9505.10-0000

류(Chapter)

호(Heading)

소호(Sub-heading)

류(Chapter), 호(Heading), 소호(Sub-heading) 확인 방법

4. 크리스마스 품목 분류 사례

출처: pixabay

크리스마스트리는 완구에 해당해서 제95류(Chapter)로 분류합니다.

9505			축제용품·카니발용품이나 그 밖의 오락용품[마술용품과 기술(奇術)용품을 포함한다]	Festive, carnival or other entertainment articles, including conjuring tricks and novelty jokes.
9505	10	0000	크리스마스 축제용품	Articles for Christmas festivities
9505	90	0000	기타	Other

호(Heading) 및 소호(Sub-heading) 확인 화면

크리스마스트리의 '호(Heading)'는 제9505호(축제용품)이고 '소호(Sub-heading)'는 제9505.10호가 됩니다. HSK 9505.10.0000에 '크리스마스 축제용품'이 특별히 게시되어 있기 때문에 크리스마스트리의 HSK는 9505.10-0000이 됩니다.

⊘ 실무 Tip!

수출입 물품 HS CODE를 모르신다면 거래 관세사로 문의하시거나 전임자 자료를 확인해서 직접 HS CODE를 확인할 수 있습니다.

국내 HS CODE를 무료로 검색할 수 있는 사이트로 관세청에서 운영하는 관세법령정보포털(CLIP, Customs Law Information Portal)이 있습니다.

03. 무역 계약 실행하기

　무역 과정에서 다양한 서류가 사용되면서 수출 판매자 (Exporter)와 수입 구매자(Importer) 외 아래와 같이 다양한 용어가 사용됩니다. 아래 설명에서는 물품 매매에 사용되는 수출 판매자(Exporter)와 수입 구매자(Importer)를 사용해 설명하겠습니다.

거래 내용	수출자(Exporter)	수입자(Importer)
물품 매매	판매자(Seller)	구매자(Buyer)
운송 서류	송하인(Consignor)	수하인(Consignee)
환어음	발행인(Drawer)	지급인(Drawee)
신용장	수익자(Beneficiary)	개설 의뢰인(Applicant)

무역 계약 절차 한눈에 보기

① 판매 제안(Sales Offer)

수출 판매자는 자사의 상품을 판매하기 위해 해외 수입 구매자에게 판매를 제안합니다.

수출자는 판매할 물품의 상품 명세(Description), 가격 조건(인코텀즈), 결제 조건(T/T, 신용장 등), 운송 조건 등이 포함된 'Offer Sheet'를 발행해서 구매자에게 이메일로 전달합니다.

Sales Offer Sheet 샘플(출처: Tradenavi)

기존에 거래를 유지하고 있는 수입 구매자에게 새로운 상품을 제안하거나, 판매할 물품을 유선으로 사전에 안내하였다면 Sales Offer 대신에 상품 명세와 가격이 기재된 견적 송장(P/I, Proforma Invoice)을 바로 발행해도 됩니다.

From : SAM YONG CO., LTD
159 SAMSUNG-DONG KANGNAM GU
SEOUL, KOREA
Tel : 02-6000-6000
Fax : 02-6000-6001
E-mail : samyong@hotkey

Ref. NO :
MAR. 15. 20××

To : FABRY CO., LTD.

PROFORMA INVOICE

We are pleased to offer the following goods on the terms and conditions as stated below :

COMMODITY : POLYESTER STAPLE FIBRE OPTICAL BRIGHT RAW WHITE
QUALITY : "A" GRADE
QUANTITY : 36,000.00KGS
PACKING & MARKING : 250.00KGS/BALS   250.00KGS/BALE   250.00K
UNIT PRICE & TERMS OF DELIVERY : USD1,75.00/KG FOB BUSAN
AMOUNT : US$63,000.00
PAYMENT : AN IRREVOCABLE LETTER OF CREDIT AT SIGHT IN OUR FAVOR
TIME OF SHIPMENT :
            MAY. 31, 2021   12,000.00KGS
            JUN. 30, 2021   12,000.00KGS
            JUL. 31, 2021   12,000.00KGS
PORT OF SHIPMENT : BUSAN, KOREA
DESTINATION : LONDON
INSURANCE : TO BE COVERD BY BUYER
INSPECTION : SELLER'S INSPECTION TO BE FINAL
SPECIAL TERMS & CONDITIONS:
1. L/C SHOULD BE ARRIVED HERE AT LEAST 30DAYS IN ADVANCE
2. All disputes, controversies, or differences which may arise between the parties, out of, or in relation to, or in connection with this contract, or for the breach thereof, shall be finally settled by arbitration in Seoul, Korea in accordance with the Arbitration Rules of The Korean Commercial Arbitration Board and under the laws of Korea. The award rendered by the arbitrator(s) shall be final and binding upon both parties concerned.

SAM YONG CO., LTD.

W. K. Park
President

견적 송장(P/I) 샘플(출처: Tradenavi)

견적 송장을 받은 해외 수입 구매자는 수출 판매자의 주문을 최종 컨펌(Confirm)하고 견적 송장(P/I)에 회사 직인을 찍어서 수출 판매자에게 전달하면 해당 견적 송장 자체가 계약 성립을 입증하는 서류가 될 수 있습니다.

② 구매 주문서 발행(Purchase Order)

판매자가 제안한 Sales Offer의 물품이 마음에 들면 해외 수입 구매자는 구매하기를 희망하는 물품 명세와 단가 등을 기재한 '구매주문서(P/O, Purchase Order)'를 수출 판매자 앞으로 발행해서 이메일로 전달합니다.

거래 관계 요약도

일반적인 상거래에서 수출 판매자의 판매 제안(Sales Offer)이 먼저인지 수입 구매자의 구매 주문서 제안(Purchase Order)이 먼저인지 판단하는 문제는 "닭이 먼저냐 달걀이 먼저냐." 하는 문제와 같습니다.

수출 판매자의 매력적인 거래 제안에 수입 구매자가 거래를 승낙했을 수도 있고, 필요한 상품(Goods) 구입을 희망하는 수입 구매자가 먼저 수출 판매자에 구매 제안을 해서 판매자가 승낙할 수도 있습니다.

거래 순서를 떠나 수출 판매자 입장에서는 정확한 인보이스(Invoice) 발행을 위해 수입 구매자에게 구매주문서(P/O)를 작성해 줄 것을 요청하는 경우가 많습니다.

HK COMPANY

RM 1000 CHAI WAN IND. CITY
PHASE I. 60 WING TAIRO. CHAIWAN. H.K.

Messrs.
ABC CORP.
13 Heolleung-ro, Seocho-gu, Seoul,
Korea

Dear Sirs,
We HK Company., as Buyer, hereby confirm our purchase of the following goods in accordance with the terms and conditions given below.

DESCRIPTION	GIANT BEAR TOY
PACKING	EACH 50 PAIRS TO BE PACKED INTO AN EXPORTABLE CARTON BOX. EXPORT STANDARD PACKING
QUANTITY	700 PAIRS ONLY
PRICE	FOB BUSAN IN U.S. DOLLARS. GIANT TOY @US$170/PAIR
AMOUNT	TOTAL : US$119.000
INSURANCE	INSURANCE POLICY BLANK ENDORSED FOR 110% OF C.I.F VALUE WITH CLAIMS PAYABLE IN HK INSURANCE TO INCLUDE I.C.C.(A) WITH INSTITUTE WAR CLAUSES, S.R.C.C CLAUSES.
PAYMENT	BY L/C AT SIGHT IN YOUR FAVOUR BY FULL CABLE ADVISING THROUGH SEOUL BANK, SEOUL, KOREA FROM HK BANK (INTEREST IS FOR SELLER'S ACCOUNT.)
SHIPMENT	SHIPMENT SHOULD BE EFFECTED DIRECTLY FROM BUSAN, KOREA TO HONG KONG WITHIN MAR 31, 2019
MARKS & NO	TO BE MARKED ON BOTH SIDES OF EACH CARTON BOX AS FOLLOWS: HK COMPANY HONG KONG C/NO. 1-1/UP ITEM NO :

P/O 샘플(출처: 코트라)

거래 금액이 크거나 장기간 계약인 경우에는 기래 조건, 결제 조건 등을 상세히 기재한 '물품 매매 계약서(Sales Contract)'를 작성해서 거래개시 전에 양측의 서명을 받아서 1부씩 보관해야 합니다.

③ 인보이스 발행(Invoice) ★

무역 3대 서류에 대해 들어보셨나요. 보통 세관 등 행정기관 필수 제출 서류이기 때문에 3대 서류라고 부릅니다. 인보이스(금액 정보)와 패킹리스트(화물 정보), 선하증권(B/L)(운송정보)이 무역 3대 서류입니다.

해외 수입 구매자가 구매주문(Purchase Order)을 하면 판매자는 실제 수출할 물품의 명세가 기재된 인보이스(Invoice, 상업송장)를 해외 수입 구매자 앞으로 전달합니다. 다른 무역 절차는 생략되거나 변경될 수 있지만, 무역의 목적(돈 벌기)과 밀접한 정보가 담긴 인보이스는 무조건 발행되어 해외 수입 구매자 앞으로 수출 물품 대금을 청구할 목적으로 사용합니다.

원래 인보이스는 불어의 'envoyer(물건을 보내다)'에서 유래했다고 합니다. 판매 대금을 청구하는 역할을 하는 인보이스는 판매 물품의 정보(명세, 수량, 단가, 금액)와 대금 정보(결제 조건, 가격 조건) 및 운송 정보(선적항, 양륙항)가 모두 기재되어 있습니다.

추가로 무역 결제는 대부분 현금 결제가 아닌 은행 송금으로 진행되는데요. 인보이스는 수입 구매자가 수입 대금을 송금하거나 수출 판매자가 수출 대금을 수취하기 위해 은행에 제출하는 필수 서류이기도 합니다.

COMMERCIAL INVOICE

①Shipper/Seller KRGILTRA159SEO	⑦Invoice No. and date
GILDING TRADING CO., LTD. 159, SAMSUNG-DONG, KANGNAM-KU, SEOUL, KOREA	8905 BK 1007 MAY. 20. 2007 ⑧L/C No. and date 55352 APR. 25. 2007
② Consignee MONARCH PRODUCTS CO., LTD. 5200 ANTHONY WAVUE DR. DETROIT, MICHIGAN 48203 U. S. A	⑨Buyer(if other than consignee) MONARCH PRODUCTS CO., LTD. 5200 ANTHONY WAVUE DR. DETROIT, MICHIGAN 48203 U. S. A
	⑩Other references COUNTRY OF ORIGIN : REPUBLIC OF KOREA
③Departure date MAY. 20, 2007	
④Vessel/flight ⑤From PHEONIC BUSAN,KOREA ⑥To DETROIT, U.S.A	⑪Terms of delivery and payment F.O.B BUSAN L/C AT SIGHT

⑫Shipping Marks	⑬No.&kind of packages	⑭Goods description	⑮Quantity	⑯Unit price	⑰Amount
MON/T DETROIT LOT NO C/NO.1-53 MADE IN KOREA	420 DP 1208.06KGS. MATERIAL. AS PER MONARCH PRODUCTS INDENT NO. T. 858	NYLON OXFORD X	60,000M 420D	US$1.00/ M	US$60,00 0
				Signed by ⑱	

인보이스 샘플(출처: TradeNavi)

[인보이스 입력 사항 상세 설명]

① Shipper/Seller

인보이스는 상품대금을 청구하는 역할로 '돈(Money)'과 밀접한 관련이 있습니다. 따라서 상품을 판매하고 돈을 받는 수출판매자(법인 또는 개인) 이름을 기재합니다.

② Consignee

수입 구매자(법인 또는 개인) 이름을 기재합니다. 서류에 따라 'Bill to' 또는 'For account & risk of Messers'를 사용하기도 합니다.

수하인(受(받을 수) 荷(화물 하) 人(사람 인))을 뜻하는 Consignee를 풀어쓰면 '물건을 받는 사람'이라는 의미입니다.

> ※ Notify Party
>
> 수입 도착지(P.O.D, Port of Discharge)에 화물이 도착하면 화물 도착 사실을 통지받는 사람입니다. 도착통지를 받은 수입자는 포워더로부터 D/O(Delivery Order)를 수령해서 보세구역에 있는 화물을 찾습니다.
>
> 대부분 Consignee와 Notify Party는 수입자로 동일하기 때문에 Notify Party를 비워두기도 합니다. 하지만 신용장(L/C, Letter of Credit) 방식으로 무역 대금을 결제하는 경우에만 Notify Party를 신용장 개설은행(Issuing Bank)으로 기재합니다. (Part Ⅲ 무역 대금 결제 방법 03. 신용장 결제 방식 참고)

③ Departure date

화물을 적재한 선박이나 비행기가 출발하는 일자를 기재하며 통상 B/L(선하증권)이나 Air waybill(항공 화물 운송장)에 적힌 선적 일자와 동일합니다.

④ Vessel/Flight

운송에 사용되는 선박/비행기 명칭을 기재하며, 여러 운송 수단을 사용하는 경우(복합 운송)에는 주된 운송 수단을 기재합니다.

⑤ From(Port of loading)(P.O.L)

운송 수단이 출발하기로 예정된 항구, 공항 등의 명칭을 기재합니다.

⑥ To(Port of Discharge)(P.O.D)

운송수단의 최종 목적지인 항구, 공항 등의 명칭을 기재합니다.

⑦ Invoice No. and Date

수출 판매자가 상업 송장에 붙인 참조 번호와 인보이스 발행 일자를 기재합니다. 해당 번호는 수출 판매자가 임의로 부여하는 일련번호이기 때문에 사내 기안서 등을 참조하시면 됩니다.

⑧ L/C No. and Date

신용장 번호와 발행 일자를 기재합니다. 최근에는 신용장이 사용되지 않고 대부분 T/T(전신환송금)로 무역 대금을 송금하기 때문에 무역 대금을 결제받을 계좌번호를 기재합니다.

⑨ Buyer(if other than consignee)

상품을 구입한 법인 또는 개인의 이름과 주소를 기재합니다. 수하인(Consignee)과 동일할 경우는 생략할 수 있습니다.

⑩ Other reference(Remark)

기타 참조 사항 기재란으로 거래 상대방이 신용장이나 계약서에서 별도로 요구한 사항을 기재합니다. 보통 원산지 표시(Country of Origin)나 관련 계약서, 오퍼 번호와 발행 일자 등을 기재합니다. (예시. As per Sales Note No. 586 dated July 15, 2001)

⑪ Terms of delivery and payment

물품의 인도 조건과 지불 조건을 기재합니다. 인도 조건과 지불 조건이 수출입 국가마다 다르면 거래 당사자들 간 오해가 발생하고 클레임이 발생할 수 있습니다.

국제상업회의소(ICC)에서 제정한 정형 거래 조건 'INCOTERMS (International Commercial Terms, 국제상거래조건)'를 사용해서 물품의 인도 조건과 지불 조건을 명확히 하고 결제 통화도 US$ 등으로 명확히 표시해야 합니다. (PART II. 물품 가격 결정 방법(INCOTERMS 2020 참조))

⑫ Shipping Mark(화인)

물건을 받는 수입 구매자(Consignee)가 포장 단위별로 화물을 쉽게 구분할 수 있도록 포장 단위 겉면에 표시하는 도장(화인)입니다. 주로 취급주의 문구, 주의사항, 수입허가 번호, 원산지 정보 등을 기재합니다.

⑬ No.& Kinds of Pkgs
포장 단위당 화물의 개수와 각 물품의 포장 형태를 drum, bale, box, case, bundle 등의 단위로 기재합니다.

⑭ Goods Description
무역물품의 규격(Specification), 품질(Quality), 등급(Grade) 등 해당 물품에 대한 정확한 명세를 기재합니다. 신용장 방식을 사용할 때, 물품 명세서는 신용장 상의 표현과 완전히 일치해야 합니다. 신용장은 서류로 거래하기 때문에 서류의 조건과 완전히 일치하지 않을 경우 개설은행에서 대금 지급을 거절할 수 있습니다.

⑮ Quantity
송장 금액 계산의 기초가 되는 최소단위 수량을 기재합니다. 개별 물품일 수 있고 최소 포장 단위일 수도 있습니다.

⑯ Unit Price
최소 단위 수량 단위별 가격을 기재합니다.

⑰ Amount
단위당 수량(⑮ Quantity)에 단위당 가격(⑯ Unit Price)를 곱한 총 금액을 계산해서 기재합니다.

⑱ Signed by
회사 직인 등 송장 작성자(법인 또는 개인)가 서명 또는 날인합니다. 인보이스 작성자(법인 또는 개인)이 회사 직인 등을 이용해 서명 또는 날인합니다.

2. 포장명세서(P/L, Packing List)

출처: Shutterstock

국제무역은 선박이나 항공기로 물품이 장거리 운송됩니다. 운송 과정에서 상품의 파손을 방지하고 다른 화물과 섞이지 않기 위해서는 포장(Packing)의 역할이 중요합니다.

패킹리스트(P/L, Packing List)는 수출입 화물의 중량과 부피를 기재한 선적서류입니다. 인보이스(Invoice)가 화물에 대한 결제 정보를 제공한다면 패킹리스트는 화물의 포장 단위별 상세정보를 나타냅니다.

포장의 종류는 아래 3가지가 있습니다.

1) 개장(Unitary Packing): 일반적인 소매 단위 물품의 최소 단위 하나하나를 포장하는 방법입니다.

2) 내장(Interior Packing): 개장된 물품을 수송하거나 취급하기 쉽도록 적절한 재료로 싸거나 용기에 수용하는 것을 말합니다.

3) 외장(Outer Packing): 화물을 수송할 때 파손, 변질, 도난, 부식 등을 방지하기 위해 적절한 재료를 이용한 최종 외곽 포장 방법입니다.

PACKING LIST

① Seller Gil Dong Trading Co., Ltd.	⑧ Invoice No. and date 8905 HC 3108 Aug. 15, 2012.			
② Consignee(or For account & risk of Messrs.) Monarch Products Co., Ltd. P.O.Box 208 Bulawayo, Zimbabwe	⑨ Buyer(if other than consignee) Monarch Products Co., Ltd. P.O.Box 208 Bulawayo, Zimbabwe			
③ Notify Party Same as above.	⑩ Other references Country of Origin: Republic of Korea			
④ Departure date Aug. 20, 2012.				
⑤ Vessel/flight ⑥ From Phoenix BUSAN, KOREA				
⑦ To Bulawayo, Zimbabwe				

⑪ Shipping Marks	⑫ No.&kind of packages	⑬ Goods description	⑭ Quantity or net weight	⑮ Gross Weight	⑰ Measurement
MON/T Bulawayo LOT NO C/NO.1-53 MADE IN KOREA	4200DX420D Material, As per Monarch Products Indent No T.858	Nylon Oxford	60,000M 1208.06Kgs.	1,317kgs	24.5CBM

//

Signed by
⑱

패킹리스트 샘플(출처: TradeNavi)

패킹리스트(P/L) 정보 대부분이 인보이스와 동일하기 때문에 아래에서는 인보이스와 차이가 있는 부분만 소개하겠습니다.

⑫ No.& kind of packages

포장 각각을 구분하기 위해 회사 내에서 규정하고 있는 포장 자체에 대한 정보입니다. 수출입 계약서에서 Full Detail를 요구하는 경우에는 별도 추가 서류(Detail Packing Lists)를 작성할 수도 있습니다. 포장 자체에 대한 정보를 따로 기재할 필요가 없다면 No.& kind of packages란을 생략해도 됩니다.

⑭ Quantity or net weight, ⑮ Gross Weight

화물의 포장개수(Quantity)와 순중량(Net Weight), 총중량(Gross Weight)입니다. 순중량(Net Weight)은 외부 포장재료 무게를 제외한 화물 자체의 무게입니다. 물품과 외부포장 무게까지 포함한 총중량(Gross Weight)에서 외부 포장 무게를 차감하면 순중량(Net Weight)이 됩니다.

⑯ Measurement(용적)

용적은 선적 물품의 부피를 계산하는 주된 단위이고 주로 CBM(Cubic Meter, 1CBM = 1M × 1M × 1M)을 사용합니다. 총중량(Gross Weight)과 부피(Measurement)는 운송서류(B/L 또는 Waybill)에 기재된 정보와 동일해야 합니다.

④ 수출 통관(Export Clearance)

화물의 상품 명세가 기재된 인보이스(Invoice)와 포장에 대한 정보가 기재된 패킹 리스트(Packing List)를 관세 사무소로 전달하면 관세 사무소에서 세관 수출 통관 신고를 대행해 줍니다.

⑤ 운송 서류 발행(B/L Issue)

수출 통관 완료된 화물을 선박이나 항공기 등 운송 수단에 적재합니다. 선박 화물은 실제로 적재(On Board)가 되었을 때, 해상 운송인이 수출 판매자인 Shipper(송하인)에게 해상 운송 서류(B/L or Seawaybill)를 발행하지만, 항공기는 실제 물품이 적재되기 전에 기업이 직접 항공 운송 서류(Airwaybill)를 발행해서 항공 운송인 앞으로 접수합니다.

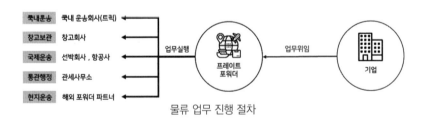

물류 업무 진행 절차

국제 물류는 거래 과정이 복잡하고 물류 관계사가 많기

때문에 기업은 주로 프레이트 포워더(Freight Forwarder)로 각
종 물류 오더를 주문하고, 오더를 받은 프레이트 포워더[1]는
주문받은 내용대로 실제 물류 공급자를 상대로 물류 오더
를 대행합니다.

---

1) 프레이트 포워더(Freight Forwarder): '화물 운송 주선인'으로 화물을 보내는 사람
(Shipper, 송하인)으로부터 화물을 받는 사람(Consignee, 수하인)에게 물건을 인도
할 때까지 발생하는 물규 입구 일체(집하, 입출고, 선석, 운송, 보험, 보관 등)를 대행
합니다.

3. 선하증권 vs 화물운송장

운송 서류는 선하증권(B/L. Bill of Lading)과 화물 운송장(Waybill)으로 나누어집니다. 해상 화물에는 선하증권(B/L) or 해상화물운송장(Seawaybill)이 발급될 수 있는데 화주가 특별히 요구하지 않으면 운송인은 선하증권(B/L)을 발급합니다. 반면 항공 화물은 무조건 항공 화물 운송장(Airwaybill)을 발급합니다.

1. 선하증권(B/L, Bill of Lading)

선하증권과 화물 운송장의 가장 큰 차이점은 소유권 유무에 있습니다.

선하증권(B/L)은 해당 서류 자체가 유가 증권(재산적 가치가 있는 문서)이기 때문에 선하증권(B/L)이 발행된 경우에는 수입국에서는 선하증권(B/L) 원본이 있어야 화물을 찾을 수 있습니다.

2. 운송장(Waybill)

화물 운송장(Waybill)은 소유권 보유 기능이 없고 단지 화물이 선박 등에 선적했다는 사실만 입증하는 역할을 합니다. 대표적으로 수출 판매자가 수출화물을 선적하기 전에 물품 대금을 미리 받았다면 굳이 소유권을 계속해서 가지고 있을 필요가 없기 때문에 선하증권(B/L)을 대신해 화물 운송장(Waybill)을 발행합니다. 따라서 수입 구매자는 수입지에서 운송장(Waybill) 원본이 없어도 화물을 찾을 수 있습니다.

해상 운송장(Seawaybill)과 동일한 기능(소유권 포기, 운송 사실 입증)을 하는 선하증권으로 '써렌더 비엘(Surrendered B/L)'이 있습니다. Surrendered B/L에는 'Surrendered' 또는 'Telex Released'라는 문구가 날인되어 있습니다. 만약 선박에 화물이 적재(On Board)된 후 Original B/L을 소유권 포기(Surrendered)하려면 선하증권(B/L) 전통(Full Set) 3부를 모두 회수해서 운송인(포워더)에게 제출해야 합니다.

3. 샘플 양식

그림 4 - 10 선하증권(Bill of Lading)

① Shipper/Exporter 수출자(와국인도수출의 경우 인보이스상 Exporter와 다를 수 있음)		⑤ B/L No. 선사 또는 포워딩에서 발행하는 일련번호		
② Consignee 수입자(대금결제가 T/T인 경우 수입자, L/C건은 개설은행 기재)				
③ Notify Party 목적국 도착시 연락처				
Pre-Carrage by	⑥ Place of Receipt 물품 수령장소			
④ Ocean Vessel 선명	⑦ Voyage No. 항차 번호			
⑤ Port of Loading ⑧ Port of Discharge ⑨ Place of Delivery ⑩ Final Destination 적재항 양륙항 양륙 장소 최종 목적지				

⑪ Container No ⑫ No. of Container
         or package
 	
컨테이너 넘버   FCL건은 컨테이너
         개수 / LCL건은
         포장박스 갯수
 	
* FCL건은 CY/CY 표기
  LCL건은 CFS/CFS 표기
	⑬ Description of Goods
	물품의 명세
	
	* 인코텀즈 E, F-GROUP은
	  FREIGHT COLLET표기/
	  인코텀즈 C.D GROUP은
	  FREIGHT PREPAID 표기
			⑭ Gross
			Weight
			총중량
			
			* PACKING
			  LIST와
			  일치해야 함.
				Measurement
				가로x세로x높이
				CBM
				
				* PACKING
				  LIST와
				  일치해야 함.

⑮ Freight prepaid at	⑯ Freight payable at		⑰ Place and Date of Issue B/L 발행 장소 및 날짜	
Total prepaid in 운임 등 수출자가 선지급한 내역 기재	⑱ No. of original B/L 원본 B/L 발행통수 보통 3부가 발행됨			
⑲ Laden on board vessel선박에 물품을 실은 날짜 신용장 거래시 BL상 적재일자가 누락되면 대금지급이 거절됨		⑳ as agent for a carrier 작성자(포워딩 또는 선사)		

선하증권(B/L) 샘플(출처: KOTRA 자료)

그림 4-11 **항공화물운송장(Air Waybill)**

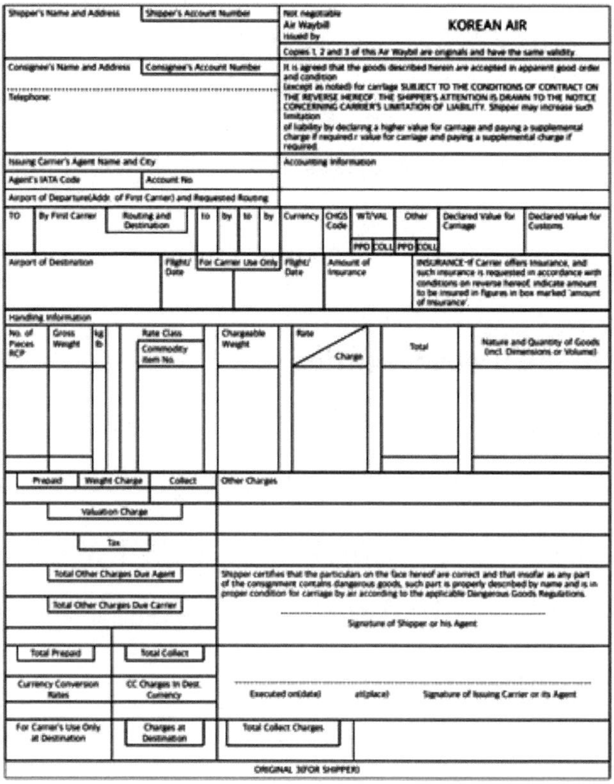
Shipper's Name and Address
Shipper's Account Number
Not negotiable
Air Waybill
Issued by
KOREAN AIR
Copies 1, 2 and 3 of this Air Waybill are originals and have the same validity
Consignee's Name and Address
Consignee's Account Number
Telephone:
It is agreed that the goods described herein are accepted in apparent good order and condition (except as noted) for carriage SUBJECT TO THE CONDITIONS OF CONTRACT ON THE REVERSE HEREOF. THE SHIPPER'S ATTENTION IS DRAWN TO THE NOTICE CONCERNING CARRIER'S LIMITATION OF LIABILITY. Shipper may increase such limitation of liability by declaring a higher value for carriage and paying a supplemental charge if required.
Issuing Carrier's Agent Name and City
Accounting Information
Agent's IATA Code
Account No
Airport of Departure(Addr. of First Carrier) and Requested Routing
TO
By First Carrier
Routing and Destination
to
by
to
by
Currency
CHGS Code
WT/VAL
Other
PPD
COLL
PPD
COLL
Declared Value for Carriage
Declared Value for Customs
Airport of Destination
Flight/Date
For Carrier Use Only
Flight/Date
Amount of Insurance
INSURANCE-If Carrier offers insurance, and such insurance is requested in accordance with conditions on reverse hereof, indicate amount to be insured in figures in box marked 'amount of insurance'.
Handling Information
No. of Pieces RCP
Gross Weight
kg lb
Rate Class
Commodity Item No.
Chargeable Weight
Rate
Charge
Total
Nature and Quantity of Goods (incl. Dimensions or Volume)
Prepaid
Weight Charge
Collect
Other Charges
Valuation Charge
Tax
Total Other Charges Due Agent
Shipper certifies that the particulars on the face hereof are correct and that insofar as any part of the consignment contains dangerous goods, such part is properly described by name and is in proper condition for carriage by air according to the applicable Dangerous Goods Regulations.
Total Other Charges Due Carrier
Signature of Shipper or his Agent
Total Prepaid
Total Collect
Currency Conversion Rates
CC Charges in Dest. Currency
Executed on(date)
at(place)
Signature of Issuing Carrier or its Agent
For Carrier's Use Only at Destination
Charges at Destination
Total Collect Charges
ORIGINAL 3(FOR SHIPPER)

항공 화물 운송장(Airwaybill) 샘플(출처: KOTRA 자료)

⑥ 수입 신고(Import Clearance)

수출국 포워더는 수입국 파트너 포워더에게 수출 국가에서 발행한 각종 무역 서류(Invoice(인보이스), Packing List(패킹리스트), B/L(운송 서류) 등)와 함께 화물의 예상 도착 일자를 알리는 Pre-Alert(발송 통지)를 이메일로 발신합니다.

수입국 파트너 포워더는 수입국 관세 사무소로 해당 서류를 전달해서 해당 무역 서류를 기초로 세관 수입신고를 진행합니다.

⑦ 화물 인도(Delivery Order)

수입 구매자는 수입신고가 수리(통관완료)된 화물을 찾기 위해 수입지 포워더로 추가 운송비를 납부합니다. 운송비(운임 인보이스)를 받은 수입지 포워더는 수입 구매자가 보세창고에서 화물을 찾을 수 있는 서류인 D/O(Delivery Order)를 수입 구매지 앞으로 발행합니다.

포워더 입장에서는 D/O가 수입 구매자의 추가 운송비 결제의 담보입니다. 수입 구매자가 추가 운송비를 결제해야 D/O를 발급하고 D/O 서류가 있어야 수입 구매자는 수입 화물을 찾을 수 있습니다.

※ 수입 기업이 납부하는 추가 운송비는 거래 조건(인코텀즈)에 따라 다를 수

있습니다. 만약 F조건(FCA, FAS, FOB)이라면 수입 구매자가 해상 운송비(O/F, Ocean Freight)를 납부해야겠지만, C조건(CFR, CIF, CPT, CIP)이라면 수입 구매자는 해상 운송비 납부 없이 할증료(Surcharge) 일부와 수입국 터미널에서 발생한 부대 비용만 지불하면 됩니다.

⑧ 국내 배차(Domestic Trucking)

수입 신고가 수리된 사실을 증명하는 '수입신고필증'과 수입 화물을 인도받을 수 있는 권리를 입증하는 '화물 인도 지시서(D/O)'를 수입 화물이 보관된 창고로 접수하면 드디어 수입 구매자는 수입 화물을 수령할 수 있습니다(물론 창고료도 정산해야 합니다.).

수입신고가 수리된 화물은 외국 물품에서 내국 물품으로 법적지위가 변경되어 보세창고에 묶여있던 수입화물을 수입지 창고(Final Destination)로 옮길 수 있습니다. 트럭으로 보세창고에서 수입자 창고로 화물을 운송하는 서비스는 주로 수입지 포워더 또는 관세 사무소가 대행합니다.

04. 대표적인 무역 계약 종류

수출입은 수출 판매자와 수입 구매자 간 계약을 통해 물품을 해외로 운송하고 외국환은행을 통해 무역 대금을 수취하는 직거래 방식(일반적인 수출 형태)이 대부분입니다.

출처: kevnbhagat. by Unsplash

하지만 최근 국내 인건비 상승으로 인해 베트남, 인도네시아 등으로 생산 기지가 이전함에 따라 해외에서 생산한 물품을 다른 해외국가로 운송하는 등 특정 거래 형태의 수출이

늘어나고 있습니다.

애플은 미국(USA) 회사이지만 애플의 아이폰은 대만 폭스
콘(FOXCONN)에서 생산해 전 세계로 수출하는 방법이 대표적
인 사례입니다.

① 외국인도 수출

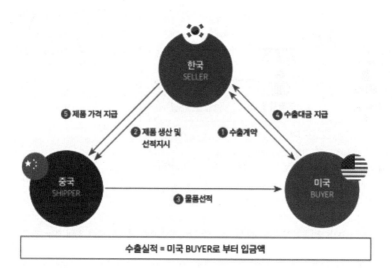

출처: KOTRA 안내자료

국내에서 수출입 통관을 거치지 않고 해외에서 생산한 물
품을 다른 해외국가로 인도하고 수출 대금은 국내에 있는 기
업이 수령하는 거래 형태입니다.

② 위탁 가공 수출

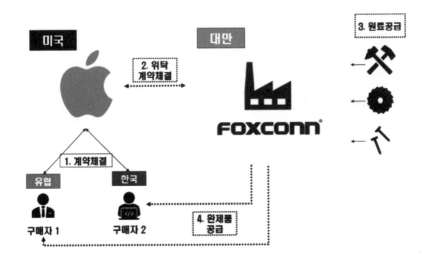

출처: 호호시기 블로그

원료의 전부 또는 일부를 수탁 기업에 제공(직접 조달 또는 해외에서 구입)히고 수탁기업은 가공임을 받는 조건으로 완제품 생산해서 가공 완료한 완제품을 다시 국내로 수입하거나 해외 거래처로 수출하는 거래 형태입니다.

③ 중계 무역

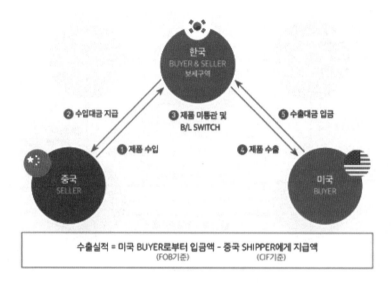

출처: KOTRA 안내자료

  수출할 것을 목적으로 물품 등을 수입한 뒤 보세구역에서
다시 해외로 수출하는 형태의 거래(유상 반출)입니다.

④ 위탁 판매 수출

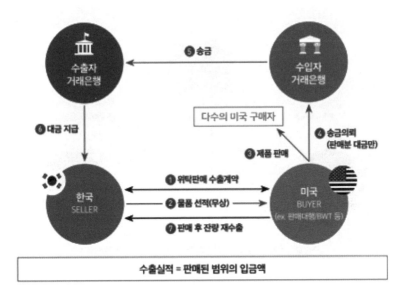

출처: KOTRA 안내 자료

물품 등을 무환(For free)으로 수출(소유권 이전 없는 재고 이전)해
서 해당 국가 보세구역에 보관된 물품이 실제로 현지에서 판
매가 이루어지면 판매 대금을 결제받는 형태의 거래입니다.

⑤ 간접 수출

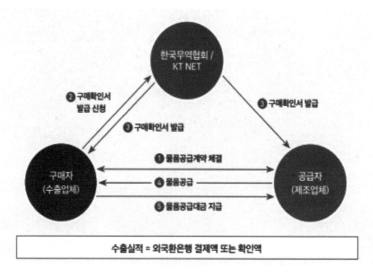

출처: KOTRA 안내 자료

국내 수출 기업에 물품을 공급하는 국내 생산 제조 업체가 이용하는 수출 방법입니다. 국내 생산 제조 기업에서 국내 수출 기업으로 물품을 판매(국내→국내)하지만, 수출하기 위해 물품을 공급하기 때문에 '국내→해외' 판매가 아니지만 수출 실적을 인정받고 다양한 무역 금융 혜택을 제공받을 수 있습니다.

국내 수출 기업(구매자)은 국내 생산 제조 기업(판매자)이 간접 수출 혜택을 받을 수 있도록 구매확인서를 유트레이드허브(uTradeHub)에서 발급받아 국내 생산 제조 기업에 전달해야 합니다. (PART Ⅵ 주요 수출입 세무 회계 02. 내국 신용장과 구매 확인서 참고)

PART II

물품 가격 결정 방법

-INCOTERMS 2020-

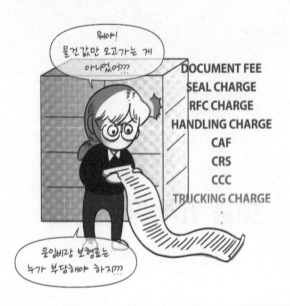

01. 물품 가격을 결정한다는 의미가 무엇인가요? (INCOTERMS 2020 등장)

02. 국제운송 발생 비용 요약(Summary)

1. 수출국 발생 비용
2. 국제 운송 과정에서 발생하는 비용
3. 수입국 발생 비용

03. 인코텀즈(INCOTEMS) 개별 조건 & 실무적 관점

1. E조건(EXW)
2. F조건(FCA, FAS, FOB)
3. C조건(CPT, CIP, CFR, CIF)
4. D조건(DPU, DAP, DDP)

04. 인코텀즈(INCOTEMRS)와 물류비 산정

1. 인코텀즈 결정 방법
2. 인코텀즈 실무사용

Part II 물품 가격 결정 방법(INCOTERMS 2020)

01. 물품 가격을 결정한다는 의미가 무엇인가요?
(INCOTERMS 등장)

   중고 물품 지역 플랫폼, 당근으로 물건을 거래하는 경우를 생각해 보겠습니다. 당근 어플에서 약속장소와 시간을 정하고 지하철역 등 오프라인에서 만난 판매자와 구매자는 네고한 가격으로 물건가격을 지불하면 거래가 종료됩니다. 이런 경우처럼 물물교환으로 물품을 사고팔 때는 '물품 자체 가격'만 고려하면 됩니다.

   국가 간 물품 이동을 수반하는 수출입 무역 거래는 수출자 창고(Door)에서 수입자 창고(Door)까지 여러 물류 과정을 거칩니다. 여러 물류 과정에서 발생하는 물류비와 파손 등에 대한 책임 문제를 명확히 해야만 향후 오해가 없습니다.

매매 계약을 체결할 때마다 비용 문제와 위험 문제를 따로 약정하다 보면 상호 간 오해가 발생할 수 있고, 업무 처리 비용도 커져서 업무 비효율을 초래합니다.

이런 문제를 해결하기 위해 국제상업회의소(ICC, International Chamber of Commerce)는 국제 무역에서 무역 당사자들이 사용할 수 있는 정형화된 무역 거래 기준을 정했습니다. 해당 규칙이 그 유명한 INCOTERMS(International Commercial Terms, 국제 상거래 조건)입니다. INCOTERMS는 1936년 최초 제정되어서 대략 10년 주기의 개정을 거쳐 현재 제8차 개정안인 'INCOTERMS 2020'을 사용하고 있습니다.

주의할 점은 INCOTERMS를 제정한 국제상업회의소(ICC)는 민간단체로, 법적인 구속력을 가지는 국제 조직이 아니기 때문에 INCOTEMRS는 참고용이지 절대적으로 따라야 할 구속력 있는 법률이 아니라는 점입니다. 따라서 무역 당사자들이 인코텀즈 2020을 거래에 명확히 적용하기 위해서는 계약서에 아래의 문구를 명확히 표시할 필요가 있습니다.

"Trade Terms: Unless otherwise stated, the trade terms under this contract shall be governed and interpreted by the Incoterms 2020"

02. 국제 운송 비용 요약(Summary)

수출자 창고(Door)에서 출발한 화물이 수입자 창고(Door)까지 이동하면서 발생하는 비용에는 어떤 비용들이 있을까요?

① 수출국 발생 비용

구 분	명 칭(영문)	설 명
수출 항구 부대 비용	Document Fee	선하증권(B/L) 등 운송 서류 발급 시 소요되는 행정 비용을 보전하기 위해 부가하는 비용
	Wharfage, PSC(Port Service Charge), LFT(Lift Charge)	화물 적하, 양하를 위해 부두(Port)를 사용할 경우 발생하는 부두 사용료
	Seal Charge	컨테이너 봉인 자물쇠인 'Seal 설치'에 소요되는 비용
	THC (Terminal Handling Charge)	화물이 CY에 입고된 순간부터 본선의 선측까지 컨테이너 화물처리에 소요되는 비용
	CFS Charge	LCL 소량 화물을 CFS에서 한 대의 컨테이너로 혼재 적입(Consolidation)할 때 발생하는 비용
	AMS (Automated Manifest Service)	미국 세관 사전 신고 발생 비용
	AFS (Advanced Filing Surcharge)	일본 세관 사전 신고 발생 비용
수출 통관	Customs Clearance Fee	관세사가 세관으로 수출 통관을 대행하며 발생하는 수수료
포워더	Handling Charge	적하목록 제출, B/L 인도 등 수출 물류 업무 대행 수수료

컨테이너 화물 발생 비용

구 분	명 칭	설 명
수출 화물 부대 비용	위험 화물 취급 수수료	위험 화물 취급 과정에서 발생하는 추가 수수료
	AWB 발급 수수료	항공 화물 운송장(AWB) 발급 비용
	RFC Charge (Ready For Carriage)	포장표기 및 라벨링 작업, 상하차에 발생하는 비용
	Security Surcharge	항공 화물 보안 검색(X-RAY) 발생 비용
수출 통관	Customs Clearance Fee	관세사가 세관으로 수출 통관을 대행하며 발생하는 수수료
포워더	Handling Charge	적하목록 제출, B/L 인도 등 수출 물류 업무 대행 수수료

항공 화물 발생 비용

해당 비용 외 발생할 수 있는 수출국 부대비용은 트럭 상차료와 내륙 운송료가 있습니다.

트럭 상차료는 수출자 공장(Door)에서 수출 화물을 내륙운송 트럭으로 상차할 때 발생하는 비용(지게차 사용료 등)이고 내륙 운송료는 수출자 공장(Door)에서 수출국 선적지(항구 또는 공항)까지 트럭운송할 때 발생하는 비용입니다.

② 국제 운송 과정에서 발생하는 비용

국제(해상/항공) 운송 과정에서 발생하는 비용은 해상 운송료 (OCF, Ocean Freight)와 항공 운송료(Air Freight) 및 각종 부대 비용(Surcharge) 등이 있습니다.

해상 운송료(OCF)와 항공 운송료(Air Freight) 외 대표적인 부대 비용은 아래와 같습니다.

구 분	명 칭	설 명
유가 할증료	(해상) BAF (Bunker Adjustment Factor) (항공) Fuel Surcharge	선사(항공사)가 운항 중 유가의 급격한 변동에 대한 손실을 보전하기 위해 부과
통화 할증료	CAF (Currency Adjustment Factor)	해상에서 장기간 화물을 운송함에 따라 달러 환율 변동에 따른 손실 보전을 위해 부과
저유황 할증료	LSS (Low Sulphur Surcharge), LSF (Low Sulphur Fee)	국제해사기구(IMO)의 환경 규제 정책으로 인해 저유황유 사용 비율을 맞추기 위해 부과
체선료	DEM(Demurrage)	계약 기간 내 화물을 선박에서 하역하지 못한 경우와 컨테이너를 Free Time 내 CY에서 반출하지 못한 경우 초과 기간에 발생하는 비용
위험물 취급 수수료	DGF(Dangerous Good Fee)	항공 운송 중 기체나 인명 피해가 발생할 우려가 있는 화물에 대한 추가 관리 비용

컨테이너 수급 불균형 할증료	CIC(Container Imbalance Charge), CIS(Container Imbalance Surcharge)	공컨테이너를 다시 수출국으로 보내는 비용과 당장 사용할 컨테이너가 없어서 다른 선사에 컨테이너를 임대하는 비용
부대 비용 할증료	CRS (Cost Recovery Surcharge)	컨테이너 재배치 비용 등 항만 부대 비용의 급격한 변동을 보전하기 위해 부과
전자전송 비용	EDI Fee(Electric Data Interchange Fee), M/F Fee(Manifest Fee)	선사 또는 항공사가 입항 전에 적하목록을 세관에 제출하는 데 발생하는 비용
컨테이너 청소 비용	CCC (Container Cleaning Charge)	컨테이너를 수입국에 반입해서 물건을 반출한 후 내부 이물질 제거에 발생하는 비용
컨테이너 중량 측정비	VGM (Verified Gross Mass)	컨테이너 적재 전 화물 무게(VGM=화물 총중량+컨테이너 중량+화물고정 장비) 측정 비용

각종 부대 비용(Surcharge)

※ 물류 부대 비용 전체는 '한국관세물류협회(kcla.kr)'에 있는 '물류통계 》 국제운임'에서 예상 가이드 비용까지 확인할 수 있습니다.

③ 수입국 발생 비용

수입국에서 발생하는 비용은 기본적으로 수출국 발생 비용의 반대 순서로 발생한다고 보시면 됩니다. 아래에서는 수입 화물을 찾는 과정에서 발생하는 비용 순서대로 안내 드리겠습니다.

단계	비용 명세	설명
STEP 1	양륙항(P.O.D) 부대 비용	수입항에 도착해서 발생하는 각종 부대 비용을 수입항 터미널에 납부해야 합니다. 대표적으로 T.H.C 등이 있습니다.
STEP 2	수입통관 수수료	화물을 보세구역에서 반출하기 위해서는 세관 수입신고필증이 필요합니다. 관세 사무소에서 수입통관을 대행하고 수수료를 받습니다.
STEP 3	포워더 Handling Charge	수입국에서 발생하는 일련의 물류 업무를 수입지 포워더가 대행해주고 기업화주로부터 받는 수수료입니다.
STEP 4	D/O (Delivery Order) Fee	수입화주는 보세구역에서 물건을 찾기 위해 D/O Fee(수수료)를 포워더 또는 관세사로 지급하고 D/O(화물인도지시서)를 발급받습니다

STEP 5	창고비용	수입 통관 필증과 D/O를 가지고 보세구역에 가서 장치기간 발생한 창고료를 납부하면 화물을 인도받을 수 있습니다.
-	Drayage Charge	만약 화물이 LCL(소량 화물)이라면 화물을 화주별로 구분(Devanning)하기 위해 컨테이너를 CY에서 CFS로 운송하는 셔틀 비용이 발생합니다.
STEP 6	Trucking Charge	창고에서 찾은 화물을 수입화주 창고(Door)까지 운송하는 내륙 운송 비용입니다.
STEP 7	화물 하차료	수입지 창고(Door)에 도착한 화물을 하차하는 과정에서 지게차 비용(인력 동원할 경우 인건비) 등이 발생합니다.

수입국 단계별 발생 비용

참고로 STEP 6 단계(Trucking Charge) 단계에서 'Drop off charge'가 추가로 발생할 수 있습니다. 해당 비용은 부산 입항 컨테이너가 화물을 수입 구매자 창고(Door)에서 최종 양하한 후 Empty 컨테이너를 경기도 부곡(의왕) CY에 반납할 때 발생하는 비용입니다.

03. 인코텀즈(INCOTERMS) 개별 조건 & 실무적 관점

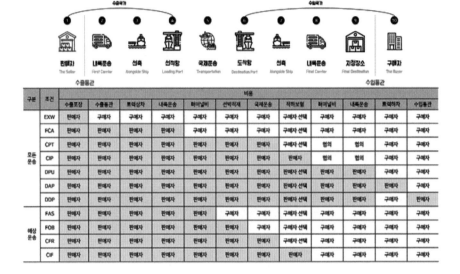

인코텀즈 조건 요약

인코텀즈 2020는 해상 운송 등(Rules for Sea and Inland Waterway Transport)에 사용되는 4가지 규칙과 모든 운송 (Rules for any Mode or Modes of Transport)에 사용되는 7가지 규칙을 포함해 총 11가지 규칙이 있습니다.

국제 무역에서 선박으로 운송되는 화물이 절대적으로 많다 보니 해상 운송에만 사용하는 인코텀즈 규칙이 따로 존재합니다.

해상 운송 등 (Rules for Sea and Inland Waterway Transport)	모든 운송 (Rules for Any Mode or Modes of Transport)
FAS, FOB, CFR, CIF	EXW, FCA, CPT, CIP, DPU, DAP, DDP

인코텀즈 규칙 구분

인코텀즈는 '수출자가 어느 지점까지 물류 비용을 지불하고 위험(파손, 분실 등)에 대해 책임을 지는가?'라는 생각으로 접근하시면 이해가 쉽습니다.

인코텀즈 규칙을 결정하고 나서 표기할 때, 인코텀즈 뒤에 사용되는 위치는 '위험 분기점'이 아닌 '비용 분기점'이라는 사실에 유의하셔야 합니다. 만약 한국 인천(Incheon) 출발, 중국 상하이(Shanghai) 도착 CIF 조건을 사용하면 '위험 분기점'은 한국 인천(Inchcon)이지만 '비용 분기점'이 중국 상하이(Shanghai)이기 때문에 'CIF Shanghai, China, Incoterms 2020'로 기재합니다.

참고로 수출은 FOB, 수입은 CIF 조건이 많이 사용되고 한국 세관 신고도 수출은 FOB 기준, 수입은 CIF 기준으로 신고합니다.

① E조건(EXW)

E조건은 모든 운송에만 사용되는 EXW(Ex Works, 공장 인도 조건)만이 유일합니다.

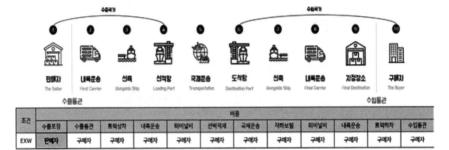

[EXW 위험 & 비용 분기점]

- 의미

Ex의 의미는 '~에서 물건이 팔리다'라는 의미(출처: Oxford Languages)로, Ex Works는 '공장(Works)에서 물건이 팔린'이라는 의미입니다. 국내 가수 경서의 「나의 X에게」라는 노래가 있는데요. 여기서 X는 지난 연인을 의미하며, 지난 과거 시점(또는 사람)을 의미합니다.

[가수 경서 '나의 X에게' 커버사진]

EXW는 수출 판매자가 공장에서 포장 완료한 화물을 보관하고 있으면 수입 구매자가 수출 판매자 공장에서 직접 물건을 픽업(Pick-UP)하는 비용까지 포함해서 모든 물류비를 지불하는 조건(수출자 최소 의무 조건)입니다.

원칙적으로 수출 판매자 공장에서 화물을 트럭에 상차할 의무는 수입 구매자에 있지만, 수출 판매자가 이를 대신해서 트럭에 상차해 주었다면 수출 판매자는 수입 구매자에게 해당 비용을 지급받을 수 있고, 트럭 상차 과정에서 물품이 훼손되더라도 면책받을 수 있습니다.

EXW는 수출자 최소 의무 조건이기 때문에 무역에 익숙하지 않은 국내 제조사가 최초로 수출하는 경우에 주로 사용합니다.

- 실무적 관점

수출 판매자는 수출 판매자 공장에서 물건을 수입 구매자가 지정한 운송 트럭에 상차할 의무가 없지만, 대부분은 수출 판매자가 직접 자사의 지게차로 상차 업무를 대신해줍니다. 따라서 EXW로 계약했더라도 수출 판매자는 자신의 비용으로 상차 업무를 대신하기 때문에 인보이스에 해당 상차 비용(지게차 사용비 등)을 포함해야 합니다.

해상운송에서는 'EXW 수출자 창고'로 사용되지만, 항공운송에서는 'EXW 공항 창고'로 사용되기도 합니다. 분기점이 수출지 공항창고이기 때문에 수출 판매자는 수출 판매자 창고(Door)에서 공항창고까지 발생하는 수출국 내륙 운송 비용도 고려해야 합니다.

② F조건(FCA, FAS, FOB)

☐ FCA(Free Carrier, 운송인 인도 조건)

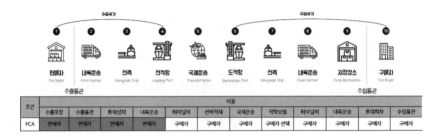

조건	비용											
	수출포장	수출통관	트럭상차	내륙운송	터미널비	선박적재	국제운송	적하보험	터미널비	내륙운송	트럭하차	수입통관
FCA	판매자	판매자	판매자	판매자	구매자	구매자	구매자	구매자 선택	구매자	구매자	구매자	구매자

FCA 위험 & 비용 분기점

- 의미

FCA는 모든 운송에 사용하는 인코텀즈 조건입니다. 수출 판매자가 무료(Free)로 지정된 수출 국내 지정 장소까지 국내 운송(Carrier) 서비스를 제공한다는 의미입니다. 수출 판매자는 수출 통관을 완료한 화물을 수출국 내 합의한 장소에서 수입 구매자가 지정한 운송인에게 물품을 전달하면 됩니다.

합의한 장소가 수출 판매자의 영업 구역(창고 등)이라면 수출 판매자는 수입 구매자가 지정한 운송 차량에 물품을 적재해 줄 의무가 있습니다. 하지만 영업 구역이 아니라면 합의한 장소에서 수출 판매자가 물건을 하차해서 다시 수입 구매자가 지정한 운송 차량으로 물품을 적재할 의무가 없습니다(매수인 의무입니다.).

- 실무적 관점

수출 판매자는 자신의 책임으로 진행하는 물류 과정에서 발생하는 비용 전체를 물건 가격에 포함해서 인보이스를 발행해야 합니다. 따라서 EXW에서 발생하지 않았던 수출통관 수수료와 수입 구매자가 지정한 운송인에게 물품을 적재할 때 발생하는 비용을 인보이스에 포함해야 합니다. (물론 수출지 포워더에게 지불하는 Handling Charge도 고려해야겠죠.)

항공운송에서 'FCA 공항 창고'로 계약했다면 공항 창고는 매도인의 영업 구역이 아니기 때문에 수출 판매자는 지정한 운송 장소(공항창고)까지 발생하는 물류 비용만 지불하면 되고, 물건을 하차해서 수입 구매자가 지정한 운송인 차량에 상차할 때 발생하는 비용은 고려하지 않아도 됩니다.

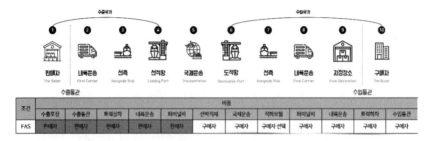

조건	비용										
	수출포장	수출통관	트럭상차	내륙운송	터미널비	선박적재	국제운송	적하보험	터미널비	내륙운송	트럭하차	수입통관
FAS	판매자	판매자	판매자	판매자	판매자	구매자	구매자	구매자 선택	구매자	구매자	구매자	구매자

FAS 위험 & 비용 분기점

해상 운송에만 사용하는 조건이기 때문에 해상 운송 용어
인 Alongside와 Ship이 사용됩니다. 수출 판매자는 수입 구
매자를 위해 무료(Free)로 선측(Alongside)까지 발생하는 모든
비용(부두에서 발생하는 비용 포함)을 지불하고 해당 지점까지 발생
하는 위험에 대한 책임을 집니다.

수출 판매자는 선박 옆인 선측(Alongside)에 화물을 가져다
놓으면 되기 때문에 물품을 선박에 적재(On Board)할 의무는
매수인에게 있습니다.

FAS는 주로 벌크(Bulk) 화물에 사용되며, 컨테이너 화물은
모든 운송에 사용하는 규칙인 FCA 조건을 사용합니다.

□ FOB(Free On Board, 본선 인도 조건)

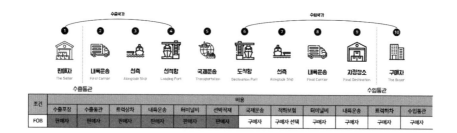

조건	비용										
	수출포장	수출통관	트럭상차	내륙운송	터미널비	선박적재	국제운송	적하보험	터미널비	내륙운송	트럭하차	수입통관
FOB	판매자	판매자	판매자	판매자	판매자	판매자	구매자	구매자 선택	구매자	구매자	구매자	구매자

FOB 위험 & 비용 분기점

- 의미

FAS 조건에서 화물을 선박에 적재(On Board)하는 의무가 수출 판매자에게 추가된 조건입니다. 실무에서 가장 많이 사용되는 조건 중 하나이며, 한국 세관으로 수출통관 시 신고 가격으로 FOB가격이 사용됩니다. 참고로 수입통관은 CIF 가격으로 신고합니다.

- 실무적 관점

FOB는 해상 운송에 사용하는 인코텀즈 조건이지만, 실무에서는 모든 운송 수단에서도 자주 사용됩니다. 항공운송의 경우에도 'FOB 공항 창고'로 사용되어 항공기에 적재(On Board)될 때까지 발생하는 비용을 수출 판매자가 지불하는 경우기 많습니다. 앞서 이야기한 대로 인코텀즈는 법적인 의무 사항이 아니기 때문에 당사자 간 합의만 있으면 얼마든지 변형해서 사용할 수 있습니다.

③ C조건(CPT, CIP, CFR, CIF)

C조건은 모든 운송에 사용되는 CPT, CIP 조건과 해상 운송에만 사용되는 CFR, CIF 조건이 있습니다.

모든 운송과 해상운송에 사용되는 인코텀즈 차이는 영문자 P(Paid)와 F(Freight)입니다. 해상 운송에서는 운임을 나타내는 단어로 Freight가 사용되기 때문에 발생하는 차이입니다.

C조건을 제외한 나머지 모든 인코텀즈 조건은 합의한 지점까지 수출 판매자가 비용을 지불하고 위험(Risk)에 대한 책임까지 부담하는데요. C조건만 유일하게 비용 부담 시점과 위험 이전 시점이 다릅니다. 위험 이전 시점은 F조건과 동일하지만 추가적인 비용(국제 운송비 또는 보험료)을 수출 판매자가 추가로 지불해야 합니다.

☐ CPT(Carriage Paid To, 운송비 지급 인도 조건)

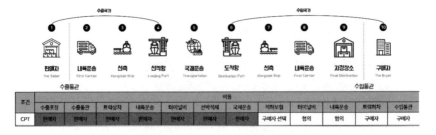

조건	비용											
	수출포장	수출통관	트럭상차	내륙운송	터미널비	선박적재	국제운송	적하보험	터미널비	내륙운송	트럭하차	수입통관
CPT	판매자	판매자	판매자	판매자	판매자	판매자	판매자	구매자 선택	협의	협의	구매자	구매자

CPT 위험 & 비용 분기점

- 의미

수출 판매자는 FCA 조건과 마찬가지로 수출국에서 합의한 장소에서 수입 구매자가 지정한 운송인에게 물품을 인도할 때까지만 물품의 손상 등에 대한 위험 책임을 집니다. 하지만 수출 판매자는 국제 운송비 등 수입국가 내 합의한 장소까지 이동하는 물류비를 추가로 지불해야 되기 때문에 위험 이전 시점과 비용 부담 시점 간 차이가 발생합니다.

- 실무적 관점

해상 운송의 경우 당사자 간 합의 장소로 대부분 '수입지 내륙 CY 또는 수출 판매자의 창고(Door)'가 활용되고, 항공 운송의 경우 합의 장소로 '수입국 공항 창고'가 이용되는 경우가 많습니다.

최근 일부 선사는 사업 영역을 확대하기 위해 항구에서 항구까지 운송하는 Port to Port 서비스를 넘어 수입 국가 내륙 운송 서비스까지 제공하고 있습니다. 예를 들어, 부산 항구(Busan)에서 출항(P.O.L)해서 상하이 항구(Shanhai)로 도착(P.O.D)하는 인코텀즈 조건은 해상운송 인코텀즈 조건인 CFR Shanhai를 사용하지만, 상하이 항구를 거쳐 베이징(Beijing) 내륙지까지 운송하는 인코텀즈 조건은 모든 운송에 사용하는 CPT Beijing을 사용할 수 있습니다. (물론 베이징에 있는 특정 CY나 수입 구매자 창고 주소를 기재하겠죠.)

□ CIP(Carriage and Insurance Paid To, 운송비 및 보험료 지급
인도 조건)

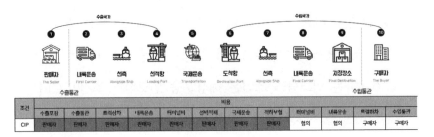

조건	비용											
	수출포장	수출통관	트럭상차	내륙운송	터미널비	선박적재	국제운송	적하보험	터미널비	내륙운송	트럭하차	수입통관
CIP	판매자	판매자	판매자	판매자	판매자	판매자	판매자	판매자	협의	협의	구매자	구매자

CIP 위험 & 비용 분기점

- 의미

CPT 조건에서 수출 판매자가 합의한 장소까지 발생하는
보험료를 추가 지급하면 CIP 조건이 됩니다.

기존 인코텀즈 2010에서는 CIP 보험 수준이 최소 담보 조
건(ICC(C)(Institute Cargo Clause))이었지만, 개정된 인코텀즈
2020에서 요구하는 CIP 보험 수준은 최대 담보 조건(ICC(A))
으로 강화되었습니다.

수출 판매자는 합의한 장소까지 운송하는 과정에서 발생하
는 위험 책임을 담보하기 위해 물품의 멸실 또는 훼손의 위험
에 대한 보험계약을 체결합니다.

- 실무적 관점

수출 판매자는 국제 운송을 완료하고 수입 구매자에게 운송 완료를 입증하는 서류인 'Shipping Advice'를 수입 구매자로 보내면서 선적 운송 서류와 함께 보험 서류도 함께 이메일로 보냅니다.

CIP(혹은 CIF) 조건에서 적하보험을 부보하면 합의한 장소까지 화물이 안전하게 도착해야 하는데, 운송구간 대부분을 수출 판매자가 책임져야 하기 때문에 적하 보험의 위험 담보 구간은 주로 수출 판매자 창고(Door)에서 수입 구매자 창고(Door) 전체가 됩니다.

□ CFR(Cost and Freight, 운임 포함 인도 조건)

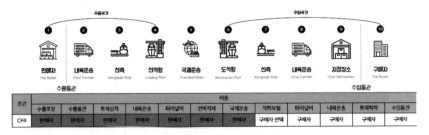

CFR 위험 & 비용 분기점

조건	비용										
	수출포장	수출통관	트럭상차	내륙운송	터미널비	선박적재	국제운송	적하보험	터미널비	내륙운송	트럭하차	수입통관
CFR	판매자	판매자	판매자	판매자	판매자	판매자	판매자	구매자 선택	구매자	구매자	구매자	구매자

- 의미

FOB 조건과 동일하게 위험 분기점은 선적항(Port of Loading)
에서 선박에 화물이 적재(On Board)되는 시점입니다. 수출 판
매자는 수입 국가 양륙항(Port of Discharge)까지 발생하는 국제
해상 운송료(OCF)를 추가로 지불하는 조건이기 때문에 '위험
분기점'과 '비용 분기점'이 일치하지 않습니다.

CPT 조건은 모든 운송에 사용하는 조건으로 수입 국가 지
정 목적지(Designated Destination)까지 발생하는 비용을 수출
판매자가 부담하지만 CFR 조건은 해상 운송에서만 사용하
는 조건이기 때문에 수입국 지정 목적항(Port of Discharge)까지
발생하는 해상 운임을 수출 판매자가 추가 지불합니다.

- 실무적 관점

CFR(CIF 포함) 조건은 수입 국가 수입지 항구에 도착할 때까지 발생하는 해상 운송비를 수출 판매자가 부담하는 조건입니다. 따라서 수입 국가 항구 터미널 비용과 수입국 내륙 운송비를 판매자가 지불할 의무는 없습니다. 수입국 터미널 비용 등 추가비용을 수출 판매자가 지불하기를 원한다면 계약서에 명시해야 하고, 수입국 내륙 운송비를 수출 판매자가 지불하기 원하면 모든 운송에 사용하는 CPT 조건을 이용하는 것이 좋습니다.

□ CIF(Cost Insurance and Freight, 운임 및 보험료 포함 인도 조건)

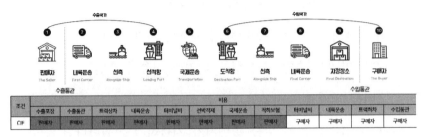

조건	비용											
	수출포장	수출통관	트럭상차	내륙운송	터미널비	선박적재	국제운송	적하보험	터미널비	내륙운송	트럭하차	수입통관
CIF	판매자	판매자	판매자	판매자	판매자	판매자	판매자	판매자	구매자	구매자	구매자	구매자

CIF 위험 & 비용 분기점

CFR 조건에서 수출 판매자가 수입 국가 목적항(Port)까지 발생하는 보험료를 추가로 지급하는 조건입니다.

기존 인코텀즈 2010과 마찬가지로 개정된 인코텀즈 2020 에서도 CIF 조건에서 요구하는 보험 수준은 최소담보수준 (ICC(C))으로 동일합니다. 참고로 보험 금액은 매매 계약에서 정한 대금의 최소 110% 이상이고, 보험 계약 통화는 매매 계약의 통화와 일치해야 합니다.

④ D조건(DPU, DAP, DDP)

D조건은 국제(해상, 항공) 운송에 추가해서 수입국 합의 장소까지 배달(Delivery)하는 수출 판매자의 의무가 추가되기 때문에 해상 운송에서 사용할 수 있는 조건은 없고 모든 운송에만 사용할 수 있는 조건만 3가지 있습니다.

□ DPU(Delivered Place Unloaded, 목적지 인도 조건)

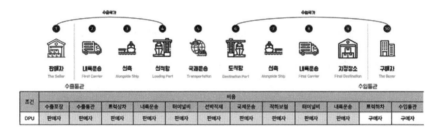

조건	비용											
	수출포장	수출통관	토력상차	내륙운송	터미널비	선박지재	국제운송	적하보험	터미널비	내륙운송	토력하차	수입통관
DPU	판매자	판매자	판매자	판매자	판매자	판매자	판매자	판매자	판매자	판매자	구매자	구매자

DPU 위험 & 비용 분기점

- 의미

수출 판매자는 수입국 합의한 목적지에서 물건을 양하(Unloaded)하지 않은 상태로 수입 구매자가 물건을 인수할 수 있는 지점까지 발생하는 위험 책임과 비용을 부담합니다.

기존 인코텀즈 2010에는 DAT(Delivered At Terminal) 조건이 있었습니다. DAT는 수입국 터미널에서 화물을 양하(Unloading)해서 인도하는 조건이었습니다. 하지만 터미널이라는 용어가 명확하지 않고 실제 거래에서 사용되지 않아서 인코텀즈 2020에서는 터미널(Terminal)이란 용어를 장소(Place)로 통일하고 화물을 양하하는 의무에 따라 DPU(Delivered At Place Unloaded)와 DAP(Delivered At Place)로 나눴습니다.

- 실무적 관점

실무에서는 DPU 조건을 사용하면서 수출 판매자에게 수입국 통관을 요청하는 경우가 있습니다. 수입국 통관을 요청하면 수입통관 수수료가 발생하기 때문에 사전에 수입 구매자와 통관 수수료 지불에 대해 협의해야 합니다.

□ DAP(Delivered At Place, 도착지 인도 조건)

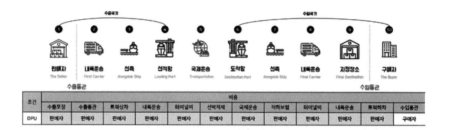

조건	비용											
	수출포장	수출통관	토럭상차	내륙운송	터미널비	선박적제	국제운송	적하보험	터미널비	내륙운송	토럭하차	수입통관
DPU	판매자	판매자	판매자	판매자	판매자	판매자	판매자	판매자	판매자	판매자	판매자	구매자

DAP 위험 & 비용 분기점

- 의미

수출 판매자가 수입국 내 합의한 장소에서 물건을 양하한 상태(Loaded)로 물건을 수입 구매자가 인수할 수 있는 지점까지 발생하는 위험과 비용을 책임지는 조건입니다. 즉, 수출 판매자가 물건을 수입국 지정된 장소에서 내려놓지 않으면 DPU 조건이고, 내려놓으면 DAP 조건입니다.

- 실무적 관점

DAP는 수입국 지정된 장소까지 수출 판매자가 화물을 운송할 책임이 있기 때문에 수입 국가에서 발생하는 포워더 Handling Charge와 D/O Charge를 지불해야 하지만 수입 국가의 통관 수수료 등의 세금은 부담할 의무가 없습니다.

□ DDP(Delivered Duty Paid, 관세 지급 인도 조건)

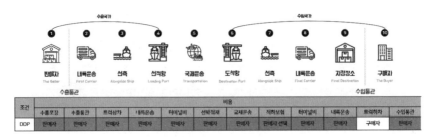

DDP 위험 & 비용 분기점

- 의미

수출 판매자의 최대 의무 조건입니다. 수출 판매자는 수입 국가 지정 목적지까지 발생하는 모든 운송비뿐만 아니라 수입국에서 발생하는 관세 등 세금도 지불합니다.

단, 수출 판매자는 수입국 지정 목적지에서 물품을 양하(Unloaded)할 의무 없이 양하를 준비한 상태(Ready for unloading)로 수입 구매자가 물건을 인수할 수 있는 상태로 두면 됩니다.

- 실무적 관점

수출 판매자는 화물 보험을 체결할 의무는 없지만, 물품을 지정 목적지까지 운송하는 과정에서 물품이 훼손될 경우 수출 판매자 책임에서 자유로울 수 없어서 적하보험 계약을 고려해야 합니다.

DDP는 수출 판매자가 운송 전 구간에 대해 책임을 지기 때문에 수입 구매자는 따로 운송비를 지출할 필요가 없습니다. (반대로 EXW는 수출 판매자가 지불할 비용이 없습니다.) 수출 판매자는 수입 국가에서 발생하는 수입통관 수수료, 수입국 포워더로 지불하는 Handling Charge 비용까지도 부담합니다.

수입국에서 발생하는 관세, 부가세 등 세금 정보도 챙겨야 하는 DDP 조건에서 양 당사자가 합의하면 수출 판매자가 관세만 지급하고 부가세는 수입 구매자가 따로 부담할 수도 있습니다.

04. 인코텀즈(INCOTERMS)와 물류비 산정

출처: ShutterStock

① 인코텀즈 결정 방법

인코텀즈 조건은 수출 판매자와 수입 구매자 간 합의를 통해 자유롭게 변형해서 사용할 수 있습니다. 그렇다면 인코텀즈를 결정하는 기준은 어떻게 될까요?

수출 판매자와 수입 구매자의 입장으로 생각해 보겠습니다. 수출 판매자는 수출을 통해 더 많은 이익을 거두길 원하고, 수입 구매자는 조금이라도 더 저렴한 가격으로 물품을 구매하길 원합니다.

수출 물품 판매 가격이자 수입 물품 원가인 물품 매매 가격은 물품 원가에 각종 물류 비용을 합산해서 산정합니다. 수출 판매자와 수입 구매자 모두 물류 비용을 줄여야만 쌍방 모두에게 이익이 됩니다.

수출 판매자와 수입 구매자는 해당 국가에서 각자가 거래하는 포워더로부터 물류비 견적을 받아서 더 저렴하고 실력 있는 포워더와 거래할 수 있는 당사자가 물류비를 지불하는 방법이 합리적입니다.

예를 들어, 수출 판매자가 수출지 포워더로부터 100원 물류 비용을 견적받고 수입 구매자는 수입지 포워더로부터 200원 물류 비용 견적을 받으면 수출 판매자가 물류 비용을 지불하고 해당 금액을 인보이스에 반영하면 됩니다. (수출 판매자가 국제 운송 비용까지 지불하기 때문에 인코텀즈 C조건 또는 D조건을 사용하게 됩니다.)

즉, 인코텀즈는 물류비 검토를 통해 국제 운송비(해상 Ocean Freight, 항공 Air Freight)와 부대 비용(Surcharge)를 결제하는 거래 당사자(수출 판매자, 수입 구매자)를 기준으로 결정하면 됩니다. 수출 판매자가 국제 운송비 등을 지불하면 인코텀즈는 C조건 또는 D조건이 되고, 수입 구매자가 국제 운송비를 지불하면 E조건 또는 F조건이 됩니다.

② 인코텀즈 실무 사용

수출 판매자와 수입 구매자는 국제 운송을 선사 또는 항공사로 직접 예약하지 않고 수출지 포워더(Forwarder)와 수입지 포워더를 통해 물류 업무를 진행합니다. 따라서 수출 판매자와 수입 구매자가 체결한 인코텀즈 조건은 포워더가 수출자 또는 수입자로 앞으로 발행하는 House 운송서류에 표시됩니다. 수출 판매자 또는 수입 구매자로부터 운송예약을 받은 포워더는 선박회사와 운송계약을 체결합니다. 선박회사는 포워더로 Master 운송서류를 발행하는데 해당 서류에 표시된 인코텀즈 조건은 수출 판매자 또는 수입 구매자와 관련이 없습니다.

- Freight Collect(CC) → E조건, F조건

수입 구매자가 경쟁력 있는 국제 운송비를 확보할 수 있을 때 사용합니다. 수입 구매자가 국제 운송비 등을 지불하기 때문에 인보이스에는 해당 금액이 빠져있습니다.

E조건과 F조건에서 수출 판매자의 운송의무는 수출 국가에서 종료되기 때문에 국제 운송비(Ocean Freight 또는 Air Freight)는 수출 판매자가 지불하지 않습니다. 국제 운송비와 부대 비용은 수입 국가로 물건이 도착한 후(Collect) 수입자가

수입지 포워더로 지불합니다.

- Freight Prepaid(PP) → C조건, D조건

C조건과 D조건 모두 국제 운송비를 수출 판매자가 수출지 거래 포워더로 지불합니다. 수출 판매자는 수출 국가에서 화물이 출항하기 전에 국제 운송비를 수출지 거래 포워더로 먼저 지급(Prepaid)하고 운송 서류(B/L 등)를 수취합니다. 수출 판매자는 해당 국제 운송비를 보전받기 위해 국제운송비 등을 포함해서 인보이스를 수입 구매자 앞으로 발행합니다

무역 대금 결제 방법

-T/T, 추심, L/C-

01. T/T(Telegraphic Transfer, 전신환)

1. T/T 결제 의미
2. 결제 방법 종류
   ▶ 무역 지식 UP 4. SWIFT CODE
   ▶ 무역 지식 UP 5. 수입 화물 선취보증서(L/G, Letter of Guarantee)

02. 추심 결제 방식

1. 추심 사전적 의미
2. 추심 거래 구조
3. 추심 종류
4. 신용장 결제 방법과 차이점
   ▶ 무역 지식 UP 6. 한어음(Bill of Exchange)

03. 신용장 결제 방식

1. 신용장 의미
2. 신용장 특징
3. 거래 당사자
4. 신용장 거래 구조
5. 신용장 종류
   ▶ 무역 지식 UP 7. Debit Note vs Credit Note

Part III 무역 대금 결제 방법

출처: picpedia.org

수출입 무역 과정에서 발생할 수 있는 위험(Risk)은 대표적으로 '신용위험(Credit Risk)'과 '상업위험(Commercial Risk)'이 있습니다.

신용위험은 수출 판매자가 물품을 선적하고 대금을 제때 받지 못하는 위험이고 상업위험은 수입 구매자가 주문한 물품을 제때 받지 못하는 위험입니다.

수출 판매자는 물건을 선적하기 전에 무역 대금을 미리 받을 수 있으면 좋지만, 수입 구매자 입장에서는 계약한 물건을 수입국에서 직접 확인하고 무역 대금을 지급하고 싶어 합니다.

이번 장에서는 무역 대금을 결제하는 대표적인 방법에 대해 알아보겠습니다.

01. T/T(Telegraphic Transfer, 전신환)

① T/T 결제 의미

T/T(전신환)이란 수입 구매자가 거래 은행을 통해 전신(전자적인 방법)으로 무역 대금을 수출 판매자 계좌로 지급하는 대표적인 무역 대금 결제 방식입니다. 간단하게 말해서 '해외 은행 송금'이라고 생각하시면 됩니다.

수입국 통화와 수출국 통화 간 환율(Exchange rate) 차이가 발생하며, 은행 간 무역 대금을 송금하는 과정에서 수수료가 발생합니다.

② 결제 방법 종류

1. 사전 송금 방식

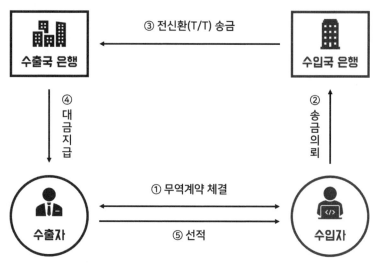

사전 송금 방식 거래도

수출 판매자가 수출 물품 대금 전액을 선적 전에 미리 결제 받는 방식입니다. 수출 판매자는 물품 대금을 미리 결제받고 물품은 사후에 선적하기 때문에 수출 판매자에게 유리한 방식 입니다. 사전 송금 방식을 무역서류에 표시하는 대표적인 방식 은 'T/T 100% in advance'(무역대금 100% 사전 송금)가 있습니다.

수입 구매자는 송금 후 은행에서 송금 Cable(Remittance Detail)과 영수증을 발급받아서 수출 판매자에게 이메일로 전 달하면 수출자는 송금 사실을 미리 알 수 있습니다.

송금 영수증 샘플

2. 사후 송금 방식

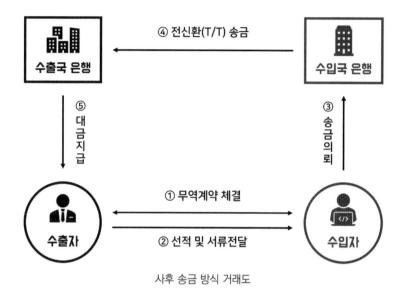

사후 송금 방식 거래도

선적을 마친 수출 판매자가 운송 완료를 증명하는 '운송 서류(선하증권, B/L)'를 수입 구매자로 전달하고 서류 또는 물품을 확인한 뒤 무역대금을 송금하는 방법입니다.

사후 송금 방식 표기법으로는 'T/T 30 Days After B/L Date'이 있으며 'B/L(선하증권)이 발행되고 30일 안에 대금을 지급'한다는 의미입니다. 만약 거액의 수입물품의 경우, 수입국에 도착한 화물을 수입 구매자가 최종 확인하고자 한다면 'T/T 50% Deposit, Balance within 10 Days After Buyer's Final Acceptance Certificate'로 표기(50% 보증금으로 제공하고 50%는 수입자의 최종 확인 후 지급)할 수 있습니다.

4. SWIFT CODE

은행에서 무역 대금 송금에 계좌번호와 함께 사용되는 'SWIFT CODE(BIC)'에 대해 알아보겠습니다.

1. SWIFT 코드란?

SWIFT의 풀네임은 전 세계 은행 간 자금결제와 메시지 교환 업무를 위한 '국제 은행 간 금융 정보 통신망(Society for Worldwide Interbank Financial Telecommunications)' 입니다.

SWIFT에서 해외 송금을 위한 기업 식별코드로 지정한 SWIFT CODE는 ISO 9362, BIC CODE라고도 불립니다.

2. BIC 의미

실무에서 쓰이는 BIC 영어 명칭은 '은행 확인 코드(Bank Identifier Code)'였지만 2009년도부터는 다국적 기업의 자금 관리 편의를 위해 금융기관을 제외한 비금융기관을 포함시키면서 '회사 확인 코드(Business Identifier Code)'로 약어가 바뀌었습니다.

3. 활용

무역과 금융이 세계화되면서 국제간 외국환을 송금하고 수령하는 일은 회사 업무의 일상이 되었습니다.

보통 해외로 돈을 송금할 때는 은행을 통하기 때문에 각 국가에 있는 특정 은행을 식별하기 위한 수단으로 SWIFT에서 만든 BIC를 이용합니다.

국제간 자금 거래는 SWIFT 결제망을 통해 진행되기 때문에 러시아-우크라이나 전쟁으로 시작된 미국의 러시아 SWIFT 배제 논의는 러시아 경제에 상당한 압박으로 작용했습니다.

4. 구성

SWIFT CODE는 8자리(4+2+2) 또는 11자리(4+2+2+3)로 구성되어 있습니다.

처음 4자리는 은행코드(BANK CODE), 그다음 2자리는 국가 코드(COUNTRY CODE), 그다음 2자리는 지역 코드(LOCATION CODE), 마지막 나머지 3자리(옵션)는 은행 지점 코드(BRANCH CODE)로 구성되어 있습니다. (나머지 3자리는 옵션이기 때문에 8자리로 된 스위프트 코드가 존재할 수 있습니다.)

신한은행 스위프트 코드는 SHBKKRSE인데요. SHBK는 신한은행 코드, KR은 KOREA 국가 코드, 그리고 SE는 지역 코드로 SEOUL을 의미합니다. (옵션 3자리가 없기 때문에 8자리로 구성되어 있습니다.)

3. COD(Cash On Delivery) 결제 방식

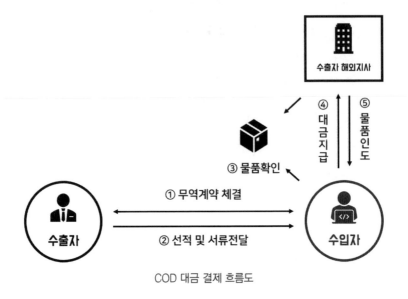

COD 대금 결제 흐름도

　COD 결제 방식은 수입국에서 물품에 대한 검사가 필요한 귀금속 등 고가품의 경우에 사용하는 무역 대금 결제 방식입니다.

　수출 판매자가 선적한 물품을 수입 국가 보세구역에서 수출자 해외 지사(또는 대리인)와 수입자가 함께 수입 화물을 확인한 뒤, 수입 구매자가 수출국 해외 지사(또는 수출자)로 무역 대금을 지급합니다.

　우리나라의 경우 수입신고 전에 보세구역에 장치한 화물을 확인하기 위해서는 '수입 신고 전 물품 확인 신청서(보세 화물 관리에 관한 고시 제18조 서식)'를 세관으로 제출해 사전에 승인을 받아야 합니다.

4. CAD(Cash Against Documents) 결제 방식

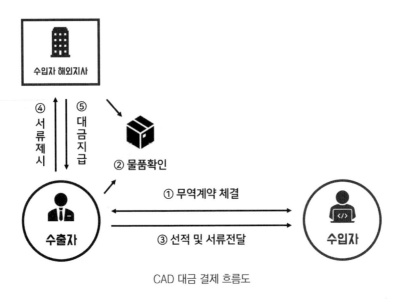

CAD 대금 결제 흐름도

수출국 내에서 물품의 제조 과정과 물품 검사 과정을 수입자 해외 지사(또는 대리인)가 직접 확인합니다. 수입 물품이 계약 물품과 일치한다는 사실을 입증된 뒤, 수출자가 선적 후 무역 서류 등을 수입자 해외 지사(또는 수입자)로 전달하면 수입자 해외 지사(또는 수입자)가 수출자에게 대금을 결제하는 방식입니다.

만약 수출국에 수입자 해외 지사가 없는 경우에는 수입자 대리인(Agent)으로 '수출국 내 은행'을 사용하기 때문에 해당 대금 결제 방식을 '유럽식 D/P 추심 결제 방식'이라고도 합니다.

5. O/A(Open Account) 결제 방식

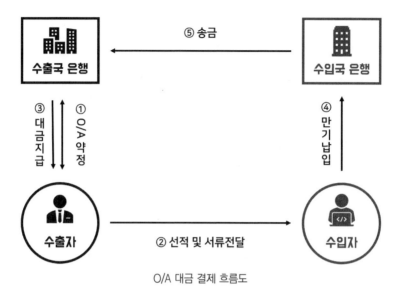

⑤ 송금

수출국 은행 ← 수입국 은행

③ 대금지급 ① O/A 약정

④ 만기납입

수출자 ② 선적 및 서류전달 → 수입자

O/A 대금 결제 흐름도

　사후 결제 방식 중 하나로 수출자는 수출국 거래 은행과 수출 채권에 관한 양수도 계약을 체결합니다. 수출자는 수출 채권 양수도 계약을 통해 선적 후 바로 수출 대금을 받을 수 있어서 좋고 수입자는 수입 채무 발생 후, 계약 만기 일자에 무역 대금을 결제할 수 있어서 좋습니다.

　O/A는 대기업이나 본지사간 거래 등 신용도가 높은 무역 거래에만 사용하는 무역금융 서비스입니다. 수출국 은행은 리스크 관리를 위해 수출자에게 담보를 요구할 수 있으며, 만기일에 수입자가 대금을 지급하지 않으면 미리 지급한 수출채

권 대금을 반환 요구하는 '소구 가능 조건(With recourse)'으로 사전에 양수도 계약을 체결하기도 합니다.

O/A 결제 방식은 수출 업체가 선적을 완료하고 수입자에게 선적 사실을 통보함과 동시에 채권이 발생하고 채무자는 만기일(사후)에 대금을 지급한다는 의미에서 '선적 통지 조건부 사후 송금 결제 방식'으로 불리기도 합니다.

5. 수입 화물 선취 보증서

(L/G, Letter of Guarantee)

1. 발생 배경

유가 증권 기능을 하는 선하증권(B/L)이 발급되면 해당 선하 증권 자체가 화물의 소유권을 증명합니다. 따라서 수입국에 도 착한 화물을 찾기 위해서는 원칙적으로 B/L 원본 3부가 필요 합니다. (실무에서는 1부만 제출해도 됩니다.)

계약 조건에 따라 수입 구매자가 수출 판매자에게 판매 대금을 지급하면 수출 판매자는 선하증권(B/L)을 특송으로 보내고 선 하증권(B/L)을 받은 수입 구매자는 해당 선하증권으로 화물을 찾을 수 있습니다.

문제는 근거리 무역에서 화물은 도착했는데 선하증권(B/L)이 도착하지 않은 경우입니다. 수입 구매자는 Consignee로 기재 되어서 물건을 받을 수 있는 '수하인(Consignee)' 권리는 있지 만, 화물에 대한 소유권인 선하증권(B/L)을 받지 않았기 때문 에 화물을 찾을 수가 없죠.

특송으로 선하증권(B/L)을 전달받기까지 시간이 흐르면서 창 고료 등이 추가로 발생하고, 납기가 지연되면서 거래처와 문제 가 발생할 수 있습니다. 이러한 문제가 발생하면 은행에서 '수 입 화물 선취보증서(L/G, Letter of Guarantee')를 발급받아 서 선사로 제출합니다.

2. 수입 화물 선취 보증서(L/G) 의미

수입 화물이 수입지에 도착했지만 선적 서류가 도착하지 않아서 수입 구매자가 화물을 인수할 수 없을 때 선적 서류 원본을 제시하지 않고 수입 화물을 찾을 수 있도록 은행이 수입자 앞으로 발급하는 보증서입니다.

3. 실무 참고사항

수입 보증금 예치 비율은 은행별로 다르지만 통상 L/G 금액의 103%를 현금으로 예치하도록 하고 있으며, 담보 등을 제공하면 보증금 예치를 면제받을 수 있습니다.
원본 운송 서류가 도착하면 즉시 선박 회사에 운송 서류를 송부하고 L/G를 회수하여야 하며, 도착한 운송 서류가 신용장 내용과 다르다고 해서 환어음의 인수 또는 거절을 할 수 없습니다.

02. 추심 결제 방식(추심에 관한 통일 규칙(URC522 중심))

① 추심 사전적 의미

출처: SBS 뉴스

길을 걸어가다 보면 "떼인 돈 받아드립니다."라는 전단지가 종종 보이는데요. 여기서 말하는 '추심'은 무슨 의미일까요?

※ 추심: 상대방을 밀어세워 원하는 결과를 얻어내다.
(은행기준: 수취인의 부탁을 받아 어음 등의 대금을 받아 내다)

길거리에서 보는 '추심'이라는 용어가 드라마에 나오는 이깨 형님 이미지가 강해서 부정적인 의미로 오해되기도 합니다. 하지만 국제 무역에서 사용하는 추심은 정당한 채권자(수출자)가 은행 앞으로 무역 대금을 대신 받아달라고 요청하는 행위를 뜻합니다.

수출자가 물품을 선적한 후 선적 서류(B/L)과 환어음을 준비해서 수출국 거래 은행으로가서 수출 대금을 회수해달라고 요청합니다. 수출국 거래 은행은 수입국에 있는 본지점 은행(또는 파트너 은행) 앞으로 수출 대금을 대신 지급 받아달라고 한 번 더 부탁하면 수입국 본지점 은행은 수출자를 대신해 수입자로부터 무역 대금을 결제받습니다.

② 추심 거래 구조

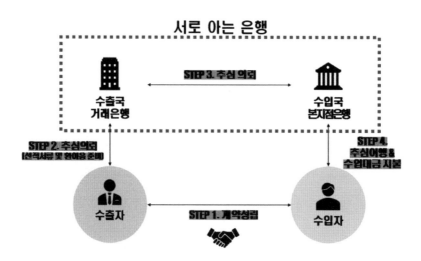

1. [수출자 ↔ 수입자] 물품 매매 계약 성립

수출자와 수입자는 무역 계약을 체결합니다.

2. [수출자 → 수출국 거래 은행] 추심 의뢰(선적 서류, 환어음 제출)

수출자는 물품을 선적하고 선사로부터 운송 서류인 선
하증권(B/L)을 발급받습니다. 선하증권(B/L)과 함께 물품
대금을 지정된 기일에 지급 요청하는 환어음을 준비해서
수출국 거래 은행으로 추심 의뢰합니다.

3. [수출국 거래 은행 → 수입국 본지점 은행]

추심 의뢰를 받은 수출국 거래 은행은 수입국에 있는 자신의 본지점 은행(또는 거래 은행)으로 수입지에서 추심 금액을 대신 받아달라고 부탁합니다.

4. [수입국 본지점 은행 ↔ 수입자] 추심 이행 & 수입 대금 지급

추심 의뢰를 받은 수입국 내 본지점 은행은 수입자에게 추심을 이행하고 물품 대금을 전달받아서 수출국 거래 은행을 거쳐 수출자에게 수출 대금을 전달합니다.

③ 추심 종류

수입자는 수입국에서 물품을 수령하기 위해 선하증권(B/L) 등 무역 서류가 필요하고, 해당 서류는 수출자가 소지하고 있습니다. 수입자가 필요한 무역서류를 받기 위해 무역대금을 은행으로 바로 지급하는지, 무역서류를 받고 나서 일정 기일이 지나서 무역대금을 은행으로 지급하는지에 따라 추심의 종류가 구분됩니다.

1) D/P(Document Against Payment) 거래

수출자가 수출국 거래은행으로 추심을 의뢰하며 각종 무역서류(선적서류, 환어음 등)를 제공합니다. 수출국 거래은행은 수입국 본지점 은행으로 수입자가 물건을 찾을 수 있는 각종 무역서류를 특송 등으로 전달합니다. 수입자는 물품 대금 전액을 수입국 본지점 은행으로 지불하면 수입국에서 물품을 찾을 수 있는 각종 무역서류를 인수할 수 있습니다.

2) D/A(Document Against Acceptance) 거래

수출자가 제공하는 무역 서류를 수입자가 추심 의뢰를 받으면서 즉시 인수(Acceptance)만 하고 무역 대금은 함께 제시되는 환어음의 만기일에 지급하는 방식입니다. 수입자는 무역 서류를 통해 물품을 먼저 확보해서 수입지에서 물품을 판매한 대금으로 무역 대금을 환어음 만기일에 지불할 수 있는 장점이 있습니다.

④ 신용장(L/C) 결제 방법과 차이점

은행의 개입으로 무역 대금을 결제하는 방식은 크게 추심 결제 방식과 신용장 결제 방식이 있습니다. 아래에서 주요 차이점 4가지를 소개하겠습니다.

1) 무역 대금 결제 당사자

추심 결제 방식에서 은행은 단지 수출자의 부탁만 들어주는 심부름 역할만 합니다.

신용장은 개설되는 순간 대금 결제의 당사자가 수입자에서 신용장 개설은행으로 변경되어서 수입자가 무역대금을 지불하지못하더라도 수출자가 신용장 조건과 일치하는 서류를 제시하면 개설은행(Issuing Bank)은 선적 대금을 무조건 지급해야 합니다. (물론 신용장 개설은행은 신용장 개설할 때 수입자로부터 담보를 받는 등 리스크 관리를 합니다.)

2) 환어음 지급인(Payee)

국제 물품 매매에 사용되는 환어음은 환어음 만기일에 지급인(Drawee)이 환어음에 기재된 수취인(Payee)에게 대금을 지급하는 내용을 담고 있습니다.

추심 결제 방식에서 무역 계약 당사자는 '수출자-수입자'

이기 때문에 무역 대금을 지급하는 지급인(Drawee)는 수입자이지만, 신용장 결제 방식에서 대금 지급 당사자는 '수출자-신용장 개설은행(Issuing Bank)'이기 때문에 환어음의 지급인(Drawee)은 '신용장 개설은행(Issuing Bank)'이 됩니다.

3) 은행 서류 심사

신용장은 신용장 개설은행(Issuing Bank)이 대금 지급 주체이기 때문에 수출자가 제출한 서류가 신용장 조건과 일치하는지 깐깐하게 검사합니다.

추심 결제 방식에서 추심 은행은 서류 내용 하나하나를 검토하지 않고 단지 제시된 무역 서류가 누락되지 않았는지 계약 목록 정도만 확인합니다.

4) 국제 법규

신용장의 국제 법규는 '신용장 통일 규칙(UCP600, Uniform Customs and Practice for Documentary Credits)'으로 국제 준거법으로 지위가 확고합니다.

추심 결제 방식의 준거법인 '추심에 관한 통일 규칙(URC522, ICC Uniform Rules for Collections)'은 어음과 관련한 국내법과의 충돌이 있어서 국제법상 준거법 지휘가 약합니다.

6. 환어음(Bill of Exchange)

1. 환어음 의미

'환(換)'은 현금으로 바꿀 수 있는 수표 등을 의미하고 '어음'
은 돈을 주기로 약속한 증서를 의미합니다. 풀어쓰면 '현금으
로 돈을 주기로 한 약속을 수표 등의 형태로 발행하는 서류'라
는 의미입니다.

영어로 쓰더라도 'Bill'은 '어음' 'Exchange'는 '환'과 동일해
서 의미가 일맥상통합니다.

사전적 의미는 수출자인 어음 발행인(Drawer)이 수입자인 어
음 지급인(Drawee)에게 환어음에 기재된 금액을 특정 기일
에 은행(수출자에게 미리 수출 대금을 지급한 은행)인 수취인
(Payee) 앞으로 환어음에 기재된 금액을 발행인(Drawee)을
대신해서 지급하라고 지시한 유가 증권입니다.

추심 결제 방식에서 사용하는 환어음의 지급인(Drawee)는 수
입자가 되고 신용장 결제 방식에서 사용하는 환어음의 지급인
(Drawee)은 신용장 개설은행입니다.

2. 발행 구조(ft. 약속 어음과 비교)

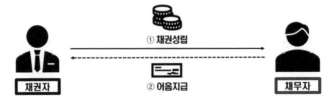

일반적인 약속어음

일반적인 약속 어음

일반적인 약속 어음에서 채권자는 채무자에게 금전 등을 대여하면서 금전 채권이 성립하게 되고 채무자는 해당 채무를 만기에 이행하겠다는 증서인 약속 어음을 발행해서 채권자로 전달합니다.

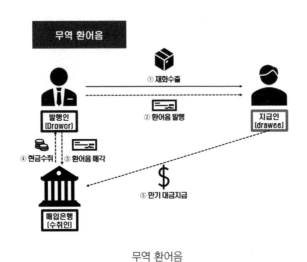

무역 환어음

무역 환어음

무역 환어음은 일반적인 약속 어음과 다른 방식으로 발행됩니다.

1) [수출자 → 수입자] 수출 채권 성립

수출자(발행인, Drawer)는 물건을 수출하면 수출 대금을 수입자(지급인, Drawee)로부터 받을 수출 채권이 생깁니다.

2) [수출자 → 수입자] 수출 환어음 발행

수출자(발행인, Drawer)는 수출대금을 기재한 '환어음(Bill of Exchange)'을 발행하면서 대금을 받을 수취인을 은행(수취인, Payee)으로 작성하고 돈을 만기일에 지불할 당사자인 지급인(Drawee)으로 수입자를 기재해서 환어음을 발행합니다.

★ 이 부분이 일반적인 약속 어음과 환어음의 가장 큰 차이점입니다. 환어음은 수출자인 채권자가 발행하고 만기에 대금을 수취할 수취인(Payee)은 수출자가 아니고 수출자에게 수출대금을 선지급(환어음 매입)한 은행이 됩니다.

3) [수출자 → 은행] 환어음 매각

수출자는 수출채권을 증명하는 환어음을 발행해서 은행에 가면 만기 이전이라도 은행에서 수출채권을 매입(Nego)해 주기 때문에 수출 대금을 조기에 현금화할 수 있습니다.

4) [수입자 → 은행] 만기 대금 지급

은행은 환어음을 매입(Nego)해서 선적 대금을 수출자(발행인, Drawer)에게 조기 지급하고 환어음 만기일에 수입자(지급인, Drawee)로부터 무역 대금을 지급 받습니다.

은행은 수수료 수익과 함께 수출 채권 할인 차액(액면가보다 낮은 금액으로 수출 채권을 매입하고 만기에 액면가 전체 수취)도 확보할 수 있습니다.

3. 기재 요령(샘플)

BILL OF EXCHANGE

① No. _____123456_____ BILL OF EXCHANGE. ② SEOUL, ③ MAY 2012 .

④ FOR US$53,200.-

⑤ AT _×××××_ SIGHT OF THIS FIRST BILL OF EXCHANGE(SECOND OF THE SAME TENOR AND DATE BEING UNPAID) PAY TO

⑥ THE COMMERCIAL BANK OF KOREA, LTD, OR ORDER THE SUM OF

⑦ SAY US DOLLARS FIFTY THREE THOUSAND TWO HUNDRED ONLY ;

VALUE RECEIVED AND CHARGE THE SAME TO ACCOUNT OF   ⑧ TOKYO SUPPLY LTD _____

⑨ DRAWN UNDER THE MIISUBISHI BANK, LTD. HEADOFFICE TOKYO, JAPAN

⑩ L/C NO. U-1041509 _____   ⑪ DATE APRIL 17, 2012

⑫ TO THE MIISUBISHI BANK, LTD _____

  HEADOFFICE, TOKYO _____

⑬ K. K. TRADING CO

780603-626 13(X)B-16B

[환어음 Sample]

① 어음 번호: No. 123456

특별한 의미 없이 회사에서 관리 목적으로 사용하는 번호를 기재
합니다.

② 발행지: SEOUL

환어음의 효력은 행위지의 법률에 따르기 때문에 발행지를 표
시해야 합니다. 위와 같이 SEOUL이라고 기재하면 대한민국
『어음법』의 영향을 받습니다.

③ 발행일: MAY 2012

환어음 발행일은 수출자(발행인, Drawer)가 환어음을 발행하는 날짜입니다. 신용장으로 대금을 결제한다면 신용장 유효 기일 이내에 발행되어야 합니다.

④ 금액: FOR US $53,200

환어음 금액을 기입하며 인보이스 금액과 일치합니다

⑤ 지급 만기일의 표시(결제 조건): At (기한) sight of this first bill of exchange

환어음의 만기를 표시합니다. 만기 종류에 따라 일람 출급과 기한부 출급이 있습니다.

일람 출급은 'At sight of '이라고 표시하며, 환어음 지급인(Drawee)에게 어음을 제시하는 날이 곧 만기일이 되며 만기일(지급일)이 없는 경우에도 일람 출급 환어음으로 봅니다. 기한부 출급(일람 후 정기 출급)은 환어음이 지급인(Drawee) 앞으로 제시되고 지급인(Drawee)이 환어음을 인수한 후 그 익일로부터 일정 기일이 지난 날이 만기일자가 됩니다.

예를 들어 at 60day's after sight of라면 지급인에게 제시된 날로부터 60일 이후가 만기입니다.

⑥ 수취인(Payee): the commercial bank of korea~

환어음 만기가 도래해서 환어음에 기재된 금액을 지급인(Drawee)로부터 지급받는 당사자입니다.

추심결제의 수취인(Payee)은 주로 발행인(Drawer)과 동일한 수출자가 되지만 신용장 결제방식에서는 발행인(Drawer)이 지정한 제3자(은행)가 될 수 있습니다.

⑦ 문자 금액: SAY US DOLLARS FIFTY THREE THOUSAND TWO HUNDRED ONLY

어음 금액을 아라비아 숫자가 아닌 문자로 표시합니다. 여기서 SAY, ONLY는 우리나라에서 ×××원 '정'과 같이 형식적으로 들어가는 문구입니다. 만약 ④에 기재한 금액과 문자가 다르다면 문자가 우선합니다.

⑧ 지급인 지시 사항: Charge the same to Account of Tokyo supply ltd

환어음 만기일에 환어음 금액을 지급인(Drawee)으로부터 지급받는 지급인(Payeee) 정보를 기재합니다.

샘플 사례에서 Account of ~이하에 지급인 정보를 기재합니다.

⑨ 신용장 개설은행: Drawn under the misubishi bank ltd

Drawn Under~ 이하에는 환어음의 발행 근거를 기재합니다. 신용장은 개설은행(Issuing Bank)에 의해 발행되었기 때문에 신용장 개설은행(Issuing Bank)을 기재하지만, 추심 결제 등 무신용장 방식의 경우에는 계약서 번호를 기재하거나 공란으로 둡니다.

⑩ 신용장 번호: L/C No. U-1041509

신용장 번호를 기재합니다. 만약 추심 지급 조건에 따른 D/A, D/P 조건일 경우에는 계약서 번호를 기재하기도 합니다.

⑪ 신용장 발행 일자: DATE APRIL 17, 2012.

신용장(L/C) 상의 발행 일자를 기재합니다.

⑫ 지급인(Drawee)과 지급지: TO MISUBISHI BANK, LTD HEADOFFICE, TOKYO

환어음 대금을 지급하는 지급인과 지급지를 기재하는 곳으로 지급지는 신용장 상에 별도 명시가 없으면 도시명만 기재해도 됩니다.

⑬ 발행인의 기명 날인: K. K. TRADING CO.

환어음을 발행하는 자는 신용장 상의 수익자(Beneficiary)가 되거나 환어음을 양도받을 경우 양수인인 은행입니다.

03. 신용장(L/C, Letter of Credit) 결제 방식(UCP 600 중심)

① 신용장 의미

신용장에 대한 사전적 의미는 국제적으로 공신력 있는 '국제 신용장 통일 규칙(UCP600, Uniform Customs and Practice for Documentary Credits)'에 아래와 같이 나와 있습니다.

"신용장(Credit)은 그 명칭과 관계없이 개설은행(Issuing Bank)이 일치하는 제시에 대해 결제(honour)하겠다는 확약으로써 취소 불가능한 모든 약정을 의미한다."

[출처: averye457, Unsplash]

신용카드(Credit Card)는 카드 사용자의 신용을 바탕으로 카드사에서 미리 사용자에게 돈을 사용하게 하고 일정 기일 후

(카드 납부일)에 사용금액을 사후에 카드사로 납부하는 금융 상품입니다.

신용장(Letter of Credit)은 수입자의 신용을 바탕으로 신용장 개설은행(Issuing Bank)이 수입자를 대신해서 미리 수입대금을 수출자로 지급해주고, 만기에 수입 대금을 수입자로부터 결제받는다는 의미에서 신용카드(Credit Card)와 유사합니다.

신용장이 특별한 이유는 무역계약에서 신용장을 체결하는 순간 대금결제 당사자만큼은 '수출자-수입자'에서 '수출자-개설은행(Issuing Bank)'으로 변경된다는 점입니다.

② 신용장 특징

신용장 거래는 수출자(Beneficiary)와 개설은행(Issuing Bank) 사이에 체결한 독립적인 계약(독립성 원칙)입니다. 따라서 수출자와 수입자 사이에 체결한 무역계약 과정에 문제가 발생해도 신용장에서 별도로 명시하지 않는 이상 신용장 계약 자체에는 영향이 없습니다.

신용장 거래 당사자(수출자, 개설은행, 수입자)는 신용장에 기재한 조건에 일치하는 서류만으로 거래의 적절성을 판단(추상성 원칙)합니다. 은행은 제시받은 서류가 신용장 내용과 일치하는지만을 심사해서 서류만 계약과 일치하면 수출 물품 선적 대금을 수출자에게 지급합니다.

신용장의 특징 때문에 수출자가 계약과 일치하지 않는 물건을 선적하고 무역 서류를 허위로 꾸려 개설은행에서 돈을 받는 '신용장 사기'가 종종 발생합니다.

③ 거래 당사자

1) 신용장 개설 의뢰인(Applicant)

물품 매매 계약서의 수입 구매자(Buyer)입니다. 수입자의 신용과 담보를 바탕으로 수입국 주거래 은행에 신용장 개설을 신청합니다.

신용장에 기재된 조건과 일치하는 서류를 개설은행에서 검토해주기 때문에 수입 구매자는 계약 조건과 일치하는 물품을 받을 수 있다는 확신을 가질 수 있습니다. 또한, 물품 대금을 개설은행의 책임으로 먼저 수출자에게 지급하고 만기에 수입 대금을 납부하기 때문에 해당 기간 동안 자금 혜택도 받을 수 있습니다.

2) 신용장 개설은행(Issuing Bank)

신용장 대금을 지급하는 결제 당사자로서 수출자가 신용장에서 요구하는 서류를 제시하면 무조건적으로 선적대금을 수출자로 지급할 의무가 있는 신용장 거래 당사자입니다. 개설은행은 만기일에 수입자가 대금을 지불하지 못할 경우에 대비해 수입자로부터 담보를 미리 받아둡니다.

3) 수익자(Beneficiary)

물품 매매 계약서의 수출 판매자로 물품을 선적한 후 신용장에서 요구하는 각종 무역 서류(B/L, 인보이스 등)를 구비해서 은행에 물품 대금 지급을 청구하는 거래 당사자입니다.

신용장을 사용하면 화물을 선적하고 확보한 각종 무역서류를 은행에 매각(Nego)해 수출 판매대금을 조기에 회수할 수 있는 장점이 있습니다.

※ 지정은행(Nominated Bank)

신용장 개설은행(Issuing Bank)과 수익자(Beneficiary) 사이에서 다양한 역할을 하는 은행입니다. 개설은행은 신용장 결제 당사자이지만 지정은행은 결제 당사자가 아니고 단지 개설은행이 의뢰한 여러 역할을 대신 수행하는 심부름꾼이라고 보면 됩니다. 지정은행은 개설은행과 수익자 사이에서 담당하는 역할에 따라 오른쪽 4가지로 구분할 수 있습니다.

종 류	역 할
통지은행 (Advising Bank)	신용장이 개설(Open)되면 수익자(Beneficiary)에게 신용장 개설 사실을 통지하는 은행입니다. 수출자 자신의 거래은행으로부터 통지받고자 하는 경우, 수익자는 자신의 주거래은행 정보를 신용장 개설은행에 제공할 수 있습니다. 하지만 통지 은행을 지정할 권한은 개설은행에 있기 때문에 수출지 주거래은행이 아닌 개설은행의 해외 지점이 통지 은행으로 지정될 수 있습니다.
매입은행 (Negotiating Bank)	만기에 환어음 대금을 지급할 지급인(Drawee)인 개설은행을 대신해 환어음 발행인(Drawer)에게 환어음 총액을 선결제하는 은행입니다 매입은행은 선결제한 대금을 만기에 지급인(Drawee)인 개설은행(Issuing Bank)으로부터 지급 받지 못할 경우에 대비해 '소구조건(With Recourse)'으로 환어음을 매입(Nego)합니다. '소구조건(WIth Recourse)' 매입은 지급인(Drawee)이 만기에 대금을 지급하지 않으면 수익자(Beneficiary)에게 매입은행이 선지급한 선적대금을 다시 반환요청할 수 있다는 의미입니다.
지급은행 (Payment Bank)	신용장 조건과 일치하는 선적 서류를 제시하면 신용장 대금을 수익자(Beneficiary)에게 즉시 지급하는 은행입니다. 주로 수입 국가에 있는 개설은행이지만 수출 국가에 있는 개설은행의 해외 지점이 될 수도 있습니다.
인수은행 (Acceptance Bank)	신용장 조건과 일치하는 선적 서류를 제시하면 선적 서류를 인수(Acceptance)하고 대금은 만기일에 지급하는 조건입니다. 인수 후 만기에 대금을 지급하기 때문에 기한부 환어음이 발행뇌며 시급은행의 경부와 마찬가시로 수도 수입시에 있는 개설은행이 그 역할을 하지만 수출지에 있는 해외 지점을 사용할 수도 있습니다.

④ 신용장 거래 구조

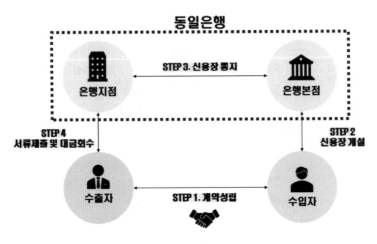

신용장 거래 구조도(예시)

1) [수입자(개설 의뢰인, Applicant) ↔ 수출자(수익자, Beneficiary)]
물품 매매 계약 체결

수출 판매자와 수입 구매자 간 물품매매 계약서를 작성하면서 결제 조건(Payment Term)을 신용장(L/C) 방식으로 지정합니다. 개설 의뢰인(Applicant)은 개설은행(Issuing Bank)으로 신용장을 신청하기 전에 Draft L/C를 작성해서 수익자(Beneficiary)에게 미리 신용장 내용을 Confirm 받아두는 게 좋습니다.

```
Application header block :
  : Input/Output Identifier        : I Outgoing Message
  : Transaction Typer              : 700 issue of a documentary credit
  : Transaction Priority           : n Normal
  : From                           : HONG KONG BANK, HONG KONG
  : To                             : WOORI BANK, SEOUL

Text Block :
/27 : sequence of total             : 1/1
/40A : form of documentary credit   : IRREVOCABLE
/20 : documentary credit number     : MI234 606NS00018
/31C : date of issue                : 19/03/02
/31D : date and place of expiry     : 19/04/30 SEOUL
                                      HK COMPANY
/50 : applicant                     RM 1000 CHAI WAN IND. CITY
                                      PHASE 1, 60 WING TAIRO, CHAIWAN, H.K.

                                      ABC CO., LTD
/59 : beneficiary                   13 Heolleung-ro, Seocho-gu,Seoul,Korea

/32B : currency code amount         : USD 119,000.00
/39A : pct credit amount tolerance  : 10/10
/41D : available with by name, address : ANY BANK
                                      BY NEGOTIATION
/42C : drafts at                    : AT SIGHT
                                    : HONG KONG FIRST BANK LTD., HONG KONG(ADDR
/42A : drawee                       2007, JARDINE HOUSE 1 CONNAUGHT PLACE, CENTRAL,
                                      HONG KONG)
/43P : partial shipment             : ALLOWED
/43T : transshipment                : NOT ALLOWED
/44A : on board/Disp/taking charge  : BUSAN, KOREA
/44B : for transportion to          : HONG KONG
/44C : latest date of shipment      : 19/04/15
/45A : descr goods and/or services
      700PAIRS OF KOREAN GIANT BEAR TOY
      SIZE : MINI 1.5 METERS AT USD170.00
      F.O.B.BUSAN, KOREA
/46A : documents required
      +SIGNED COMMERCIAL INVOICE IN QUINTUPLICATE
      +PACKING LIST IN TRIPLICATE
      +FULL SET OF CLEAN ON BOARD OCEAN BILL OF LANDING MADE OUT TO THE ORDER OF
       HONG KONG BANK MARKED FREIGHT COLLECT AND NOTIFY APPLICANT
      +CERTIFICATE OF ORIGIN
/47A : additional conditions
      ALL DOCUMENTS MUST BEAR OUR CREDIT NUMBER MI234 606NS00018
      T/T REIMBURSEMENT NOT ALLOWED
      QUANTITY 10PCT MORE OR LESS ALLOWED
      +THIRD PARTY DOCUMENTS ACCEPTABLE
                                    : ALL BANKING COMMISSIONS
                                      AND CHARGES INCLUDING REIMBURSEMENT
/71B : charges                        CHARGES OUTSIDE HONG KONG ARE FOR
                                      ACCOUNT OF BENEFICIARY
/49 : confirmation instructions     : WITHOUT
/53A : reimbursement bank           :
/78 : instructions to the pay/acc/neg bk
      DRAFTS MUST BE SENT TO DRAWEE BANK FOR YOUR REIMBURSEMENT
      AND ALL DOCUMENTS TO US BY COURIER SERVICE IN ONE LOT
/72 : sender to receiver information  : THIS CREDIT IS SUBJECT TO U.C.P(2007 REVISION)
                                        I.C.C. PUBLICATION NO. 600
```

신용장 개설 신청(예시)

신용장 최초 개설 시 아래 내용은 미리 주의할 필요가 있
습니다.

💬 수출자, 수입자의 회사명, 주소 등은 약어 사용 금지(Full
   Name)

- 선적 기일, 유효 기일, 제시 기일 표기는 해석상 오해의 소지가 없도록 문자로 표시
- 신용장에 명시된 선적 기일 내 제품이 선적될 수 있는지 검토
- 신용장 유효 기일 내에 제출 서류들을 모두 구비할 수 있는지 검토
- 분할 선적 및 할부 선적 허용 여부 확인
- 네고 시 제출할 선적 서류의 종류 및 부수를 구체적으로 명시

  (요구되는 서류의 발급기관, 원본 및 사본 제출 여부, 서명 여부 명확히 기재 필요)

2) [수입자(개설 의뢰인, Applicant) → 개설은행(Issuing Bank)] 신용장 개설

수입자(개설 의뢰인, Applicant)의 주거래은행으로 신용장 개설을 신청하면 주거래은행(Issuing Bank)는 신용장 개설 응답서를 발행합니다.

3) [개설은행(Issuing Bank) → 수출자(수익자, Beneficiary)] 신용장 개설 통지

신용장 개설은행은 접수한 신용장 전문을 수익자(Beneficiary)에게 전달해 신용장 개설 사실과 신용장에서 요구하는 서류를 안내합니다. 신용장 개설을 통지하는 과정에서

수출국에 있는 통지 은행(Advising Bank)을 활용하기도 합니다. 통지 은행은 위 그림에서처럼 동일 은행(또는 본지사)일 수 있고 해외 거래 은행일 수도 있습니다.

4) [수출자(수익자, Beneficiary) → 개설은행(Issuing Bank)) 신용장 일체 서류 제출 및 대금 회수

수익자(Beneficiary)는 신용장에서 요구하는 서류를 개설은행(또는 지정은행)으로 제출하고 수출대금을 선지급 받습니다.

해당 과정에서 매입 은행(Negotiating Bank), 지급 은행(Payment Bank) 등이 활용되기도 합니다.

5) [개설은행(Issung Bank) → 수입자(개설 의뢰인, Applicant)] 수입 대금 회수

개설은행은 약정한 만기 일자에 개설 의뢰인으로부터 물품 대금에 상당하는 금액을 회수합니다.

⑤ 신용장 종류

신용장 종류는 거래 관계, 은행 기능 등에 따라 무수히 많지만 아래 3가지만 간단히 소개하겠습니다.

1. At Sight L/C(동시 결제 신용장)

개설 의뢰인(Applicant)이 개설은행(Issuing Bank)으로부터 선적 서류를 전달받으면서 그와 동시에 신용장 대금 전액을 결제하는 신용장입니다. 만기에 대금을 지급하는 결제 유예 조건보다 개설 의뢰인(Applicant) 입장에서는 그 효과가 떨어집니다. 개설은행(Issuing Bank)은 무역대금을 바로 지급 받을 수 있기 때문에 Risk가 낮아서 개설의뢰인의 신용도가 다소 낮더라도 신용장을 개설(Open)해 주기도 합니다.

2. Usance L/C(결제 유예 신용장)

개설 의뢰인(Applicant)이 개설은행(Issuing Bank)으로부터 신용장에서 요구하는 서류를 인수하고 일정 기간이 지난 후 물품 대금을 지급하는 신용장입니다. 개설 의뢰인의 신용도에 따라서 Usance 기간이 조정됩니다.

수익자(Beneficiary)가 만기일까지 기다렸다가 개설 의뢰인이 만기에 대금을 납부하면 해당 비용으로 수익자에게 신용장 대금을 지급하는 'Shipper's Usance L/C'와 수익자(Beneficiary)에게는 만기 전 서류를 인수할 때 은행이 무역 대금을 미리 수익자(Beneficiary)에게 지급하고 은행은 만기일에 개설 의뢰인(Applicant)로부터 지급받는 'Banker's Usance L/C'가 있습니다.

수출자(수익자, Beneficiary)가 제출한 신용장 요구 문서를 인수한 날로부터 수입자(개설 의뢰인, Applicant)가 만기일에 무역 대금을 납부할 때까지 기간이자가 발생합니다. 수출자(수익자, Beneficiary)가 만기까지 이자비용을 지급받지 않고 기다렸다가 만기에 수입자(개설 의뢰인, Applicant)가 납부한 무역대금을 지급 받으면 'Shipper's Usance L/C'입니다. 반면 수출자(수익자, Beneficiary)는 신용장 요구 문서를 제출하자마자 무역대금을 지급받고 개설은행이 만기까지 기다렸다가 만기에 수입자(개설 의뢰인, Applicant)로부터 무역대금을 수취한다면 'Banker's Usance L/C'입니다(물론 은행수수료가 발생합니다.).

3. 보증 신용장(Standby L/C)

일반적인 신용장은 수출물품 대금 회수를 보증(신용위험 방지)하기 위해 발행됩니다. 하지만 수출자가 계약 이행을 하지 않으면 어떻게 될까요? 수입자는 납기를 맞추지 못하고 대체 거래

선을 구하는 과정에서 막대한 피해(상업 위험 발생)가 발생합니다.

보증 신용장은 일반 상업 신용장과는 반대로 수입자를 위해 약속한 수출 물품 선적(상업 위험)을 확실히 보증하기 위해 발행합니다. 수출자는 자신의 행위(물품 인도, 약속한 행위 이행)를 보증하기 위해 신용장 개설을 의뢰하는 개설 의뢰인(Applicant)이 되고, 수입자는 해당 행위가 이행되지 못할 경우 개설은행(Issuing Bank)으로부터 약속 대금을 지급받는 수익자(Beneficiary)가 됩니다.

보증 신용장의 대표적인 예로 아래 2가지 신용장이 있습니다.

구 분	의 미
이행 보증 신용장 (Performance Standby L/C)	수출자(Applicant)의 계약 불이행을 방지하기 위해 발행합니다. 수입자의 요청을 받은 수출자(Applicant)가 은행에 보증 의뢰하면 수입자(Beneficiary)는 수출자가 계약을 불이행했을 때, 매매 계약의 일부(약 5~10%)를 보상받습니다.
하자 보증 신용장 (Warranty Standby L/C)	기계설비 등의 매매 계약에는 하자 보증에 관한 내용이 항상 포함됩니다. 하자 보증을 제공할 의무가 있는 수출자(Applicant)가 설비시공 후 하자가 발생하면 해당 비용을 은행(Issuing Bank)을 통해 보상하겠다는 내용의 신용장입니다. 하자 보증이 발생하면 수입자(Beneficiary)는 은행(Issuing Bank)에 하자 보증 내용을 증명하는 서류를 제시하고 해당 비용을 보전받습니다.

보증 신용장 종류

7. Debit Note vs Credit Note

- Debit Note

1. 의미

발행자가 받을 돈이 있을 때 발행하는 서류입니다.

2. 사례

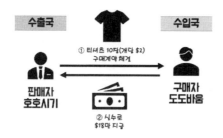

① 수출자 호호시기는 구매자 도도바움과 티셔츠 10장(장당 $2) 수출 계약을 체결하고 물품을 수출 선적했는데, ② 수입자 도도바움이 실수로 $20이 아닌 $18만 지급한 경우를 살펴보 겠습니다.

수출자 호호시기는 $2를 덜 받았기 때문에 수입자 도도바움에 게 돈을 적게 지급했다는 근거 서류인 Debit Note를 발행해서 수입자 도도바움에게 전달합니다.

Debit Note를 이용해서 수입자 도도바움은 $2를 외국환 은행 을 통해서 송금할 수 있고 수출자 호호시기는 $2를 외국환 은 행을 통해 수령할 수 있습니다.

3. 회계 처리

위 사례에서 수입자 측에서 부족한 $2을 바로 지급한다고 연락을 받았다고 가정해보겠습니다.

상품 매출 시에는 아래와 같이 회계 처리합니다. (상품 매출원가를 $1로 가정하겠습니다.) 총 9장의 티셔츠가 판매되었기 때문에 $18에 해당하는 매출이 발생했고, 상품원가는 9장의 원가인 $9로 인식되었습니다.

구 분	차 변	대 변
매출 인식	외상 매출금 $18	상품 매출 $18
원가 인식	상품 매출 원가 $9	상품 $9

Debit Note가 발행되면 미처 인식하지 못한 티셔츠 1장에 대해서도 수익 인식 요건을 갖췄기 때문에 앞선 상품 매출과 동일한 방식으로 매출과 상품 원가를 인식합니다.

구 분	차 변	대 변
매출 인식	외상 매출금 $2	상품 매출 $2
원가 인식	상품 매출 원가 $1	상품 $1

4. 샘플

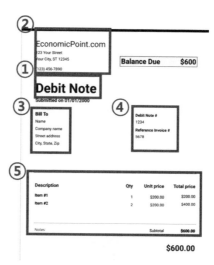

출처: Economic Point

① Debit Note라는 제목을 적습니다. 굳이 제목을 Debit Note라고 할
필요는 없습니다.

② 발행자(받을 권리가 있는 자)의 회사명을 적습니다.

③ 발행받을 자(지급할 의무가 있는 자)의 이름, 회사명을 적습니다.

④ Debit Note 번호와 관련 Invoice 번호를 적는데요. Debit Note도
회사에서 관리하는 서류이기 때문에 일련번호가 있을 것이고 Debit
Note가 발생하게 된 근거(받을 권리가 생기게 된 계약) Invoice 서
류 번호를 적으면 됩니다.

⑤ 받을 권리를 가진 상품 명세를 적으면 됩니다. 사례에서는 Item#1
$200, Item#2 $400이 되어서 총 $600을 받을 권리가 기재된
Debit Note라는 의미입니다.

– Credit Note

1. 의미

발행자가 갚아야 할 돈이 있을 때 발행하는 서류입니다.
Credit Card(신용카드)를 사용하면 카드 대금결제일에 돈을
갚아야 하듯이 Credit Note도 회사에서 타사로 지불할 비용이
있을 때 발행합니다.

2. 사례

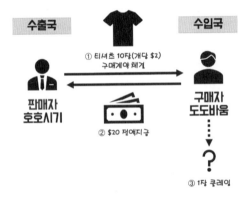

① 수출자 호호시기가 티셔츠 10장을 장당 $2에 구매자 도도
바움에게 판매하고 ② 수출대금 전액 $20을 지급 받습니다.
하지만 ③ 수입국에서 물품을 확인해 보니 수출품 티셔츠 1장
에 결함이 있었다는 사실을 알게 되었습니다.

수입자 도도바움은 당연히 결함물품 1개에 대한 $2를 보상하
라는 클레임을 제기하고 해당 금액을 보상받기를 원합니다.

이때, 수출자 호호시기가 수입자 도도바움에게 발행하는 서류가 크레딧 노트(Credit Note)입니다.

무역 거래 송금은 외국환 은행을 통해 지급되기 때문에 크레딧 노트(Credit Note)를 발행해야 수출자 호호시기는 $2를 외국환은행에 제출해서 대금을 송금할 수 있고, 수입자 도도바움은 $2를 외국환 은행을 통해 지급받을 수 있습니다.

3. 회계 처리

수출자 호호시기는 상품 10개 전체를 판매했다고 수익 인식했기 때문에 상품매출 $20와 상품원가 $10을 전액 인식합니다. (상품 매출원가 개당 $1로 가정합니다.)

구 분	차 변	대 변
매출 인식	외상 매출금 $20	상품 매출 $20
원가 인식	상품 매출 원가 $10	상품 $10

Credit Note를 발행하면 상품 1개에 대한 매출 $2를 제거하는 회계 처리와 동시에 매출 원가도 $1 차감합니다.

구 분	차 변	대 변
매출 인식	상품 매출 $2	외상 매출금 $2
원가 인식	상품 $1	상품 매출 원가 $1

4. 샘플

출처: Invoicehome.com

① Credit Note라는 제목을 적습니다. 당사자 간 의견만 일치하면
Credit Note라는 제목을 안 써도 무방합니다.

② Credit Note 발행자를 기재합니다. 지급할 의무가 있는 회사가 되겠죠.

③ 받을 권리가 있는 회사(Customs)와 배송처(Ship to)를 기재합니다.

④ Credit Note 문서 번호와 날짜 등 문서에 대한 정보를 기재합니다.

⑤ Credit Note 발행자가 지급할 상품명세 내역을 기재하는 공간입니다.

PART IV

수출입 국제 운송 방법

01. 해상 운송 절차

1. 선박(Vessel) 구분
2. 컨테이너(Container) 구분
   ▶ 무역 지식 UP 8. CY(Container Yard) vs CFS(Container Freight Station)
3. Master 운송서류 vs House 운송서류
4. 업무 Process
   ▶ 무역 지식 UP 9. Line B/L
   ▶ 무역 지식 UP 10. 수출신고필증과 실측 중량 차이
   ▶ 무역 지식 UP 11. 수입물품 과세가격(Customs Value)
   ▶ 무역 지식 UP 12. 체화료(Demurrage Charge) vs 반환 지연료(Detention Charge)

02. 항공운송 절차

1. 항공 수출편(Export Part)
   ▶ 무역 지식 UP 13. ULD(항공화물 탐재용기, Unit Load Device)
   ▶ 무역 지식 UP 14. 국제항공운송협회(IATA, International Air Transport Association)
2. 항공 수입편(Import Part)

03. 운송비용(운임) 구성

1. 해상 운송비용
2. 항공 운송비용
   ▶ 무역 지식 UP 15. Cap Sales

Part IV 수출입 국제 운송 방법

국가 간 무역에서 활용하는 운송 방법은 선박, 항공기, 철도, 차량 등으로 다양합니다. 하지만 우리나라는 남북 분단으로 인해 대륙으로 직접 이동하는 철도, 차량은 이용할 수 없습니다. 이번 장에서는 우리나라가 직접 이용할 수 있는 해상 운송 수단 '선박'과 항공 운송 수단 '비행기'를 중심으로 운송 과정 절차에 대해 알아보겠습니다.

01. 해상 운송 절차

① 선박(Vessel) 구분

출처: 산업일보

드넓은 바다 위에 떠 있는 컨테이너 선박(Container Ship)을 한 번쯤 보셨을 텐데요. 선박으로 이동하는 화물의 대부분은 컨테이너에 실린 채로 운송됩니다. 컨테이너에 들어가지 않은 상태로 운반되는 화물(원자재, 곡물 등)을 '벌크(Bulk) 화물'이라 하며 해당 화물은 특별 제작된 벌크선(Bulk Carrier)으로 운송됩니다.

참고로 벌크 화물도 Bulk Bag으로 포장해서 컨테이너 선박으로 운송할 수 있기 때문에 벌크 화물이라고 해서 무조건 벌크 선박으로 운송되지는 않습니다.

Bulk Bag 컨테이너 적입 화면

② 컨테이너(Container) 구분

일반 Dry Conatainer

한 개의 컨테이너를 온전히 단독 기업의 화물로 컨테이너를 채운다면(Stuffing) 해당 화물을 'FCL(Full Container Load) 화물'이라고 합니다.

반면 단독 기업이 아닌 다수 기업의 소량 화물로 한 대의 컨테이너를 채운 화물을 'LCL(Less than Container Load) 화물'이라고 합니다. 소량 화물을 한 대의 컨테이너로 채우기 위해서는 '혼재 업자(콘솔사, Consolidator)'가 필요하고 혼재 작업을 하는 구역을 'CFS(Container Freight Station) 구역'이라고 합니다.

FCL 화물은 컨테이너 내 물건 주인이 한 명이기 때문에 컨테이너에 화물을 화주 창고(Door)에서 화주가 직접 적입(Stuffing)하면 됩니다. 국내 트럭회사는 화주 창고(Door)에 준비된 컨테이너를 픽업(Pick Up)해서 수출국 터미널에 컨테이너를 장치하는 'CY(Container Yard)'로 컨테이너를 반입합니다.

LCL 화물은 다수의 화물 주인이 있기 때문에 CY에 반입하기 전에 화물을 혼재 작입(Consolidation)하는 CFS를 거칩니다. 혼재 업자(콘솔사, Consolidator)가 관리하는 CFS에서 콘솔 작업을 마치면 한 대의 컨테이너가 완성됩니다. 컨테이너 단위화물은 CFS에서 터미널 내에 있는 컨테이너 보관장소인 CY로 이동해 선적을 대기합니다.(CFS에서 CY까지 이동하는 비용이 Drayage Charge입니다.).

1. 일반 컨테이너

출처: container-xchang.com

문을 여닫을 수 있는 가장 일반적인 컨테이너로 'DRY 컨테이너'가 있습니다. 해당 컨테이너에 적입되는 화물을 'In-gauge 화물'이라 하며, 사이즈는 대표적으로 20'ft(TEU, Twenty-foot Equivalent Units), 40'ft(FEU, Forty-foot Equivalent Units), 40ft'HQ(FEU HQ, Forty-foot Equivalent Units High Cube)가 있습니다.

2. 특수 컨테이너

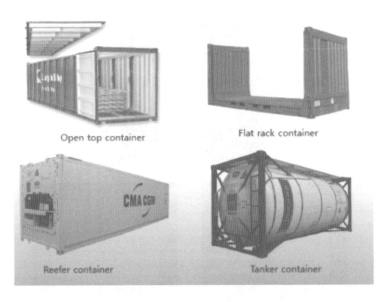

Open top container

Flat rack container

Reefer container

Tanker container

Dry 컨테이너 외 특수 목적으로 사용하는 컨테이너를 '특수 컨테이너'라고 합니다. 온도에 민감한 의약품을 운송하기 위해 사용하는 '냉장 컨테이너(Reefer Container)', 화물 크기가 일반 컨테이너 규격에서 벗어나서 윗부분이 개방된 '오픈탑 컨테이너(Open Top Container)', 윗부분과 양 옆부분이 모두 개방된 '플랫랙(Flat Rack)'이 있습니다. 특수 컨테이너에 적입되는 화물을 'OOG(Out-of-Gauge) 화물'이라고 합니다.

8. CY(Container Yard) vs CFS(Container Freight Station)

1. CY(Container Yard)

출처: Seatrademaritime

CY(Container Yard)는 부두의 가장 앞단에 위치한 컨테이너 보관 장소입니다. 수출하는 컨테이너는 CY를 거친 후 선박에 적재(On Board)되고 수입하는 컨테이너는 CY에서 일시 보관된 후 보세구역으로 이동해서 세관으로 수입 신고합니다.

2. CFS(Container Freight Station)

출처: Marineinsight

부두를 기준으로 해서 CFS(Container Freight Station)는 CY보다 내륙지에 가깝게 있습니다. 다수의 화주 물건을 CFS에서 우선 컨테이너 작업화(Consolidation)해야 하기 때문이죠. 다수의 소량 화물은 CFS에서 혼재(Consolidation)한 후 CY를 거쳐 선박에 적재(On Board)됩니다. LCL화물이 수입국에 도착하면 수입국 터미널 CY에 컨테이너 단위로 화물을 양하하고 해당 컨데이너가 CFS로 이송된 후 화물을 적출(Devanning)힙니다. 적출이 완료된 개별 화물은 각자의 수입자 창고(Door)로 국내 트럭운송됩니다.

③ Master 운송 서류 vs House 운송 서류

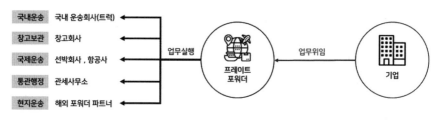

물류 업무 진행 절차

일반적으로 화물 운송 절차는 기업이 포워더(Freight Forwarder)로 예약하고 포워더가 다시 선사로 예약하는 '이중 구조'입니다. 포워더를 기준으로 포워더가 기업 앞으로 발행하는 운송 서류는 'House 운송 서류'가 되고 선사가 포워더로 발행하는 운송 서류는 'Master 운송 서류'가 됩니다.

하나의 컨테이너 화물이 단일 기업소유인 FCL 거래 구조(수출자→포워더→선사)에서 포워더가 수출 판매자 앞으로 발행하는 운송 서류가 'House 운송 서류'이고 선사가 포워더로 발행하는 운송 서류는 'Master 운송 서류'가 됩니다.

House 운송 서류는 포워더가 실제 기업들을 대상으로 발행하기 때문에 Shipper(송하인)은 '수출 판매자', Consignee(수하인)은 '수입 판매자'가 됩니다. Master 운송 서류는 선사가 포워더를 상대로 발행하기 때문에 Shipper(송하인)는 '수출지 포워더', Consignee(수하인)은 '수입지 포워더'입니다.

반면 LCL 거래 구조(수출자→포워더→콘솔사→선사)는 총 3개의 운송 서류가 발행되는데 포워더가 수출자로 발급하는 운송 서류만 'House 운송 서류'이고 그 외 콘솔사와 선사가 발행하는 운송 서류는 모두 'Master 운송 서류'라고 보시면 됩니다.

④ 업무 Process

인코텀즈(Incoterms)기준으로 C조건(CFR, CIF, CPT, CIP)과 D조건(DPU, DAP, DDP)은 인보이스(Invoice)에 해상 운송비가 포함되어 있기 때문에 수출자가 수출지 포워더로 예약(Booking)하고 해상 운임을 수출지 포워더에 지불합니다. (돈을 받았으니 해상 운송까지 책임져야겠죠.)

포워더가 발급하는 House 운송 서류에는 수출자가 운송비(부대 비용 포함)를 수출지에서 먼저 지급했다는 내용으로 '운임 선불 Freight Prepaid(PP)'가 기재되어 있습니다.

참고로 인코텀즈 E조건(EXW)과 F조건(FCA, FAS, FOB)은 인보이스에 운송비가 포함되어 있지 않기 때문에 해상 운송비를 수입국에 도착해서 수입자가 수입국 포워더로 지불합니다. House 운송서류에는 '운임 후불 Freight Collect(CC)'이 기재됩니다. (Part II - 04.인코텀즈(INCOTERMS)와 물류비 산정 참고)

아래에서는 수출자가 수출지 포워더로 해상 운송비와 부대 비용을 지불하는 C조건과 D조건 기준으로 수출업무 절차에 대해 안내하겠습니다.

1. [수출 판매자 → 수출지 포워더] 견적 요청

수출 판매자는 거래하고 있는 수출지 포워더로 화물 출고 일정에 맞는 스케줄과 예상 견적을 요청합니다.

견적을 위해서는 물품 명세(위험물 여부 등), 부피(가로×세로× 높이), 중량(Net Weight, Gross Weight), 출고지(Door) 정보 및 담당자 연락처, 해외 바이어 주소 등이 필요합니다.

2. [수출지 포워더 → 컨테이너 선사] Booking 실행

수출 판매자의 예약(Booking)을 받은 수출지 포워더는 해당 일정에 맞는 선박 스케줄을 선사 영업사원을 통해 확인합니다. 수출지 포워더가 선사에서 받은 스케줄을 수출자로 전달하고 가장 적절한 일정으로 예약 컨펌(Confirm) 받습니다.

해상 LCL 화물의 경우 수출 판매자가 수출지 포워더로 예약(Booking)하면 수출지 포워더는 콘솔 회사(Consolidator)로 예약하고, 콘솔 회사는 선사로 해상운송 예약합니다.

콘솔회사는 CFS(자가 또는 임대)에서 다수의 화주 화물을 혼재 작업(Consolidation)하고 혼재 작업 과정에서 발생하는 콘솔사 작업 비용(CFS Charge)을 청구합니다.

3. [수출지 포워더 → 내륙 운송사] 컨테이너 픽업 및 배차

수출지 포워더가 선사로 예약(Booking)하면 선사로부터 컨테이너 번호를 전달받습니다. 전국 내륙 거점에 포진된 컨테이너 보관 장소(CY, Container Yard)와 컨테이너 번호를 국내 운송기사에게 전달하면 국내 운송기사는 비어있는 컨테이너를 픽업(Pick UP)해서 수출자 창고(Door)로 가져갑니다.

4. [내륙 운송사 → 수출자 창고(Door)] 컨테이너 적입 작업(Door 작업)

수출 판매자는 빈 컨테이너가 도착하면 컨테이너 상태를 확인해서 파손 등이 있는지 확인하고 미리 사진이나 영상으로 기록해두면 좋습니다(향후에 발생하는 컨테이너 파손 등에 대한 책임 소재를 명확히 할 수 있습니다.).

수출 판매자는 창고(Door)에서 전달받은 빈 컨테이너에 화물을 채우는 적입 작업(Stuffing)을 진행합니다. 수출 판매자는 적입 작업의 효율성을 높이기 위해 대부분 지게차를 이용해서 물건을 적재합니다.

수출 물품을 적입할 때, 고정 작업(Shoring and Lashing)을 꼼꼼히 하셔야 도착지까지 운송하는 과정에서 발생하는 수 있는 각종 위험으로부터 화물을 안전하게 보호할 수 있습니다.

5. [수출 판매자 → 관세사] 수출신고필증 발행

관세사무소로 수출신고필증 발행을 요청합니다. 관세사무소에서는 수출허가, FTA, HS검토, 전략물자 검토 등에 대한 도움을 받을 수 있습니다. 최근에는 러시아-우크라이나 전쟁으로 수출제재가 된 물품도 있으니 수출할 때 해당 정보를 미리 확인하셔야 합니다.

수출신고필증 발행은 선적지가 아닌 물품 소재지에서도 가능한데, 반드시 선사 '문서접수 종료일(DOC Closing Time)'까지 수출신고수리를 받을 수 있도록 일정을 미리 확인해야 합니다.

수출신고 수리된 물품은 30일 내에 선박에 적재(On Board)가 완료되어야 하는데 적재기한을 지키기 어려울 경우에는 미리 세관으로 '적재기한 연장신고'하시기 바랍니다.

6. [선사 → 수출지 포워더 → 수출 판매자] 운송 서류(B/L) 발행

화물을 선박에 적재(On Board)하면 선사에서 수출지 포워더로 'Master B/L'을 발행하고 포워더는 'Master B/L'을 기초로 수출자에게 'House B/L'을 발급합니다.

이때, 중국 등 근거리 무역이나 수출자가 수입자로부터 무역대금을 미리 지급 받아서 물품 소유권을 가지고 있을 필요가 없는 경우에는 선하증권(B/L)을 발급하지 않고 화물 운송장(Seawaybill)을 발급하거나 Surrendered B/L을 발급합니다. (무역 지식 UP 5. 수입 화물 선취 보증서(L/G, Letter of Guarantee) 참고)

해상 운송은 물류 공급자인 선사, 포워더가 운송 서류를 발행하지만 항공 운송은 기업 수출자가 화물을 인도하면서 항공 화물 운송장(Airwaybill)을 직접 발행합니다. 실무에서는 수출 판매자의 요청을 받은 수출지 포워더가 항공 콘솔사로 항공 화물 운송장(Airwaybill) 발행을 의뢰합니다. 항공 콘솔사는 항공 화물 운송장을 발행해서 수출지 포워더와 항공사로 각각 전달합니다.

9. Line B/L

해상 운송절차는 주로 수출 판매자가 수출지 포워더로 예약 (Booking)하고 수출지 포워더가 선사로 예약(Booking)합니다. 운송서류는 선사가 수출지 포워더로 'Master B/L'을 발급하고 수출지 포워더가 수출 판매자로 'House B/L'을 발급합니다.

하지만 기업화주 화물이 많아서 수출지 포워더를 거치지 않고 바로 선사로 예약할 수 있다면 선사는 기업화주에 SC No.(Service Ccontract Number)를 부여해서 포워더를 거치지 않고 직접 B/L을 발행합니다.

이러한 경우 선사에서 수출지 포워더를 거치지 않고 수출 판매자로 직접 발행하는 B/L을 'Line B/L'이라고 합니다.

Line B/L은 수입국에 수출지 포워더의 파트너(수입지 포워더)가 없을 경우에 수입 구매자가 수입지 포워더 없이 직접(또는 관세 사무소를 통해) 화물을 수령하는 경우에도 발행됩니다.

7. [수출 판매자 → 수입 구매자] Shipping Advice 전달

수출 물품 선적(On Board)을 완료하면 수출 판매자는 화물이 선적된 선박정보와 항차 정보가 포함된 Shipping Advice를 수입 구매자 이메일로 전달합니다.

10. 수출신고필증과 실측 중량 차이

세관으로 수출 신고하면서 제출한 수출신고필증에 기재한 화물 중량과 선(기)적 바로 직전에 확인한 중량 오차 범위가 허용 범위를 초과하는 경우에는 수출 신고를 정정해야 합니다. (정정하지 않으면 미선적 처리되고 과태료가 부과될 수 있습니다.)

1. 해상 FCL

해상 컨테이너 단위화물은 선사에 VGM 신고를 해야 합니다. VGM(Verified Gross Mass)는 컨테이너 자체 무게(Tare Weight)와 화물 무게(Gross Weight)의 합계를 의미합니다. 수출신고필증 상의 중량과 실제 측정한 중량의 오차범위가 ± 5% 이내면 수출 신고를 정정하지 않아도 되지만 오차 범위가 그 이상이면 수출 신고를 정정해야 합니다.

2. 해상 LCL

컨테이너 한 대를 채우지 못하는 소량 화물은 CFS에서 혼재 (Consolidation) 작업을 진행합니다. LCL 화물은 수출신고필증 중량과 CFS에서 측정한 중량이 일치해야 하지만 실무에서는 CFS 에서 중량 측정을 하지 않는 경우가 많아서 큰 차이가 없으면 문제 되지 않습니다.

3. 항공 AIR

수출신고필증 중량과 수출지 공항 창고에서 실측한 중량(AWB 기재)에 오차가 발생해도 세관에서 허용한 오차 범위 내에 속하면 수출 신고 내용을 정정하지 않아도 됩니다.

30kg 이하	100kg 미만	100kg 이상
구분 없음	±50%	±30%
오차 범위 구분		

1. [수출지 포워더 → 수입지 포워더] 사전 통지서(Pre-alert) 전달

수출지(P.O.L)에서 적재한 화물이 수입지(P.O.D)로 도착하는 일정이 확정되면 수출지 포워더는 수입지 포워더(수입국에서 수입 구매자를 대신해 화물을 취급(Handling)) 앞으로 '사전 통지서(Pre-Alert)'를 작성해서 화불이 도착하는 사실을 알려줍니다.

Pre-Alert는 수출자가 선적 후 수입자에게 보내는 'Shipping Advice'와 비슷한 역할을 합니다.

2. [수입지 포워더 → 수입 구매자] 도착 통지서(A/N, Arrive Notice) 발행

수입지 포워더는 House B/L의 Notify Pary 앞으로 도착 사실을 알리는 '도착 통지서(A/N, Arrive Notice)'를 송부합니다. (PART I 무역, 어디서부터 시작해야 하나요? 03. ① 인보이스 발행 中 Notify Party 참고)

이때, 수입지 포워더는 수입자에게 House B/L 등 운송 관련 서류도 함께 전달합니다.

3. [수입 구매자 → 관세사] 수입신고필증 발행

보세구역에 화물이 반입되면 관세사에서 수입 신고를 진행합니다. 수입은 요건, 세금 등 검토할 사항이 많아서 수출 통관보다 시간이 더 많이 소요됩니다.

보세구역은 해상 FCL 건은 CY(Container Yard), 해상 LCL 건은 CFS(Container Freight Station)라고 생각하시면 됩니다.

간혹 국내로 반입할 수 없는 물품(수출입 금지 물품)이 사전검토 없이 국내로 반입되면서 수입통관이 금지되는 경우가 있습니다. 대표적인 예로 타란툴라 사건(대법원 2013두4217)이 있습니다.

애완용 거미 종류로 알려진 타란툴라를 상업적으로 국내에 판매하기 위해 수입한 사례가 있었습니다. 하지만 타란툴라의 독성이 일반 국민에게 치명적인 위해를 가할 가능성을 배제할 수 없고 일정 시설에서 통제 및 관리가 되지 않을 경우 자연 증식을 통해 그 서식지가 확산되어 일반 국민에게 노출될 위험이 있다고 판단한 법원은 '국민보건을 해칠 우려(공공의 안녕질서)'가 있다고 판결해서 수입통관을 불허했습니다.

11. 수입물품 과세가격(Customs Value)

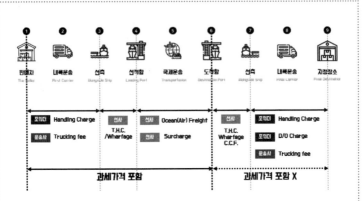

과세가격 가산요소 중 운송료 등(6번째 항목) 분기점

수입 신고서에 기재되는 '수입물품 과세가격'과 수출자가 수입자에게 발행하는 인보이스(Invoice) 금액이 동일하다고 착각하는 경우가 많습니다.

국내 『관세법』에서 규정하는 수입물품 과세가격은 관세를 산정하기 위해 사용하는 법정 용어로 인보이스에 적힌 물품 금액 외에도 아래 6가지 금액을 추가(가산 요소)해서 신고해야 합니다.

『관세법』 제30조(과세가격 결정의 원칙)

① 수입물품의 과세가격은 우리나라에 수출하기 위하여 판매되는 물품에 대하여 구매자가 실제로 지급하였거나 지급하여야 할 가격에 다음 각 호의 금액을 더하여 조정한 거래가격으로 한다.

1. 구매자가 부담하는 수수료와 중개료. 다만, 구매수수료는 제외한다.
2. 해당 수입물품과 동일체로 취급되는 용기의 비용과 해당 수입물품의 포장에 드는 노무비와 자재비로서 구매자가 부담하는 비용
3. 구매자가 해당 수입물품의 생산 및 수출거래를 위하여 대통령령으로 정하는 물품 및 용역을 무료 또는 인하된 가격으로 직접 또는 간접으로 공급한 경우에는 그 물품 및 용역의 가격 또는 인하 차액을 해당 수입물품의 총생산량 등 대통령령으로 정하는 요소를 고려하여 적절히 배분한 금액
4. 특허권, 실용신안권, 디자인권, 상표권 및 이와 유사한 권리를 사용하는 대가로 지급하는 것으로서 대통령령으로 정하는 바에 따라 산출된 금액
5. 해당 수입물품을 수입한 후 전매·처분 또는 사용하여 생긴 수익금액 중 판매자에게 직접 또는 간접으로 귀속되는 금액
6. 수입항(輸入港)까지의 운임·보험료와 그 밖에 운송과 관련되는 비용으로서 대통령령으로 정하는 바에 따라 결정된 금액.

수입물품 과세가격 결정 방법

수입자가 위에서 규정하고 있는 6가지 가산요소 비용을 인보이스에 기재된 물품 가격과 구분해서 따로 지급하고 있다면 관세사로 해당 사실을 알려서 과세가격 신고금액이 누락되지 않도록 신경 써야 합니다. 수입신고 금액이 누락되면 과거 5년간 누락힌 괸세 등 세금뿐만 아니라 가산세끼지 부과되기 때문에 기업의 피해가 큽니다.

수입물품 과세가격 결정 방법은 'WTO 관세평가협정'을 반영해서 국내 『관세법』과 『관세평가 운영에 관한 고시』에서 상세하게 규정하고 있습니다. 과세가격 산정 방법은 그 내용이 복잡하고 기업의 손익과 직결되기 때문에 사전에 거래 관세사로 컨설팅받으시기 바랍니다.

4. [수입지 포워더 → 선사] Master D/O 요청

안전하게 수입국(P.O.D)에 화물이 도착하면 수입지 포워더는 도착지 항구 부대비용 등을 결제하고 선사로부터 Master D/O(Delivery Order, 화물 인도 지시서)를 발급받습니다.

인코텀즈 F조건이라면 적재 전 수출자가 수출지 항구 부대 비용만 결제했기 때문에 수입지 포워더가 해상 운송료(O/F, Ocean Freight)와 할증료(Surcharge), 수입 항구 부대 비용 등을 전부 납부해야 합니다.

C조건이라면 수출지 포워더가 수출지 항구 부대 비용, 해상 운송료(O/F), 수출지에서 청구되는 특정 할증료를 사전에 결제(PP)했기 때문에 수입지 포워더는 수입 항구 부대 비용만 지불하면 됩니다.

LCL 화물은 수입지 포워더와 선사 사이에 콘솔회사(Consolidation)가 개입합니다. 따라서 콘솔사에서 선사로 D/O

를 요청하고, 포워더가 콘솔사로 D/O 요청하고, 수입 구매자가 수입지 포워더로 최종 D/O를 요청하는 순서로 진행됩니다.

5. [수입 구매자 → 수입지 포워더] House D/O 요청

수입지 포워더는 수입 구매자가 납부할 도착지 항구 부대비용 등이 포함된 운송비 인보이스를 발행합니다. 수입 구매자가 운송비 인보이스에 기재된 금액을 수입지 포워더로 납부하면 수입지 포워더는 수입 구매자가 화물을 찾을 수 있는 'House D/O'를 발행합니다.

수입자가 운송비를 지불하지 않으면 수입지 포워더는 수입 구매자에 House D/O를 발행하지 않습니다. 즉, House D/O는 운송비 인보이스 금액이 입금될 때까지 수입지 포워더가 화물에 대한 유치권을 확보할 수 있는 수단이며, 수입 구매자가 운송비를 반드시 지불하도록 촉구하는 수단입니다.

6. [수입 구매자 → 보세구역] 창고료 정산 후 화물 반출

수입 구매자는 관세사로부터 세관 수입신고가 수리된 수입신고필증을 전달받고 수입지 포워더로부터 House D/O를 전달받아서 보세구역으로 두 개 문서를 제출(창고비 지불 포함)하면 화물을 반출할 수 있습니다.

보세 창고비는 화물의 중량, 부피, 금액에 따라 다르기 때문에 장치 기간이 길면 사전에 창고비 견적을 받아보시기 바랍니다.

7. [수입 구매자 → 내륙 운송사] 최종 도착지(Final Destination) 트럭 배송

보세구역에서 수입 구매자 창고(Door)까지 화물을 운송하기 위해 국내 트럭 운송사로 문의해서 트럭 기사를 수배합니다.

수입 구매자 창고(Door)에서 화물을 꺼내는 적출작업(Devanning)이 끝나면 빈 컨테이너(Empty Container)를 반납지 CY로 반납합니다. 참고로 빈 컨테이너를 반납지 CY로 이동할 때 발생하는 비용으로 '컨테이너 반납비(Drop off charge)'가 추가 발생할 수 있습니다.

LCL 화물은 모든 화물을 CFS에서 적출한 뒤, 빈 컨테이너는 선사와 계약한 콘솔회사의 책임으로 반납지 CY로 반납합니다.

12. 체화료(Demurrage Charge) vs 반환 지연료(Detention Charge)

1. 체화료(Demurrage Charge)

선사 소유의 컨테이너(COC, Carrier's own container)를 사용할 때, 입항지 CY에서 선사가 지정한 Free Time(무료 장치 기간)이 지나도록 계속해서 컨테이너를 반출하지 않을 때 부과되는 비용입니다. 체화료는 CY 반입일부터 반출일까지 전체 기간에서 Free Time을 뺀 기간에 미리 정해진 Tariff 요금표에 따라 계산합니다. 예를 들어, Free Time이 7일이고 CY 반입일부터 반출일까지 기간이 10일이라면 3일(10일-7일)에 해당하는 체화료가 발생합니다. (당연히 Free Time 이내에 컨테이너를 반출한다면 체화료가 발생하지 않습니다.) 참고로 항공화물의 경우, 공항창고의 Free Time은 24시간으로 그 이후 반출하는 화물은 창고료가 청구됩니다

2. 반환 지연료(Detention Charge)

입항지 CY에서 반출한 컨테이너는 수입자 창고에서 화물 적출 작업(Devanning)을 마치고 반납지 CY로 반납됩니다. CY 반출일부터 반납지 CY로 반납되는 전체 기간이 선사에서 제공하는 Free Time(무료 반환 기간)을 초과하는 경우 지불하는 비용입니다. 반환 지연료 역시 입항지 CY 반출일에서 반납지 CY 반입일끼지 기간에서 Free Time을 공제한 기간을 기준으로 Tariff 요금표에 따라 산정합니다.

02. 항공 운송 절차

항공 수출입 과정은 해상 수출입 과정 중 공통 부분은 생략하고 차이점을 중심으로 설명하겠습니다.

① 항공 수출편(Export Part)

✔ **▶ 무역 지식 UP**

13. ULD(항공 화물 탑재 용기, Unit Load Device)

출처: Incodocs

해상 운송 과정에서 화물을 보호하고 효율적인 운송을 지원하는 용기가 '컨테이너(Container)'라면 항공 운송 과정에서 비슷한 역할을 하는 화물 운송 장치가 ULD(Unit Load Device)입니다.

ULD는 컨테이너(Container) 형태와 팔레트(Pallet) 형태가 있는데 대개 규격화된 화물은 '컨테이너 형태 ULD'로 운송하고 비규격화된 화물(대량 화물 등)은 '팔레트 형태 ULD'로 운송합니다.

1. 화물 반입 및 항공 화물 운송장(AWB, Airwaybill) 발행

항공 운송에서 사용하는 운송 서류인 '항공 화물 운송장 (AWB)'은 화물을 인도하는 수출 판매자가 작성해서 운송인에게 접수하는 게 원칙입니다. 하지만 항공 운송을 접수하기 위해서는 항공사에서 국제항공운송협회(IATA, International Air Transport Association) 양식의 AWB을 요청하는데 대부분의 기업과 포워더는 IATA에 가입되어 있지 않아서 IATA AWB를 작성할 수 없습니다.

IATA에 가입하지 않는 기업과 포워더는 일반적으로 IATA 에 가입한 항공 콘솔사(Consolidator)로 예약(Air Booking)하고 항공 콘솔사는 AWB를 작성해서 항공사로 제출합니다. 항공 콘솔사는 공항에 상주하는 직원이 있기 때문에 AWB 등 문서관리도 실시간으로 대응할 수 있고 화물 반입관리도 직접 할 수 있어서 항공화물은 항공 콘솔사를 통해 업무가 이루어진다고 보시면 됩니다.

원칙적으로 AWB는 수출 판매자가 발행해서 항공 콘솔사를 거쳐 항공사에 제출해야 합니다. 하지만 항공사는 IATA 에 가입된 항공 콘솔사와만 거래하기 때문에 항공 콘솔사가 항공사로 Master AWB을 발행합니다. 항공 콘솔사는 House AWB도 발행해서 수출지 포워더를 거쳐 수출 판매자로 전달합니다.

　AWB는 기본적으로 사본(Copy) 발행되지만, 수출 판매자의 요청이 있으면 포워더는 AWB 원본을 발행하기도 합니다.

(AWB 3부: For Carrier, For Shipper, For Consignee)

✔ ▶ **무역 지식 UP**

14. 국제항공운송협회

(IATA, International Air Transport Association)

출처: wikipedia

1. IATA 개요

국제항공운송협회(IATA)는 1945년 설립된 비영리 국제 기구로, 항공 운송 산업의 주요 대표 기관 중 하나입니다. 23년 기준 IATA는 290개 이상의 항공사와 120여 개국에서 약 82,000명의 회원을 대표하며, 항공 운송 및 여행 산업에 긴밀하게 관여하고 있습니다.

2. 역할

IATA는 다양한 역할을 수행하여 항공 운송 산업의 안전성, 효율성, 지속 가능성을 높이고자 노력하고 있습니다.

- 항공 운송 규제 및 표준화: IATA는 항공 운송의 국제적인 표준과 규제를 개발하고 유지하여 운송이 더 안전하고 효율적으로 이루어지도록 돕습니다.
- 항공 요금 및 예약 시스템: IATA는 항공사와 여행 대리점 간의 요금 및 예약 프로세스를 조정하고 표준화하여 여행자들이 항공표를 효율적으로 예약하고 구매할 수 있도록 돕습니다.
- 항공 환경 및 지속 가능성: IATA는 항공 산업의 환경적 영향을 줄이고 지속 가능한 운영을 촉진하기 위한 노력을 기울이고 있으며, 친환경적인 항공 운송을 촉진합니다.
- 항공안전: 항공 안전에 대한 국제적인 표준과 가이드라인을 개발하고, 항공사들이 안전한 운영을 유지할 수 있도록 지원합니다.
- 항공 산업 연구 및 데이터: IATA는 항공 산업에 관한 연구를 수행하고 관련 통계 및 데이터를 제공하여 산업의 동향을 파악하고 의사 결정을 지원합니다.

3. CASS 시스템 안내

IATA는 항공 요금 정산을 위한 중요한 도구로 CASS(Cargo Accounts Settlement Systems) 시스템을 운영하고 있습니다. CASS 시스템은 항공 화물 운송에 관련된 금융 거래 및 정산 프로세스를 자동화하고 효율화하는 데 사용됩니다.

2. 수출신고필증 발행

수출신고는 수출물품이 위치한 지역(물품 소재지)을 관할하는 세관 앞으로 신고합니다. 물품 소재지는 수출자의 창고(Door)나 수출지 공항 보세구역(반입지)이 될 수 있으며 해당 소재지에서 수출 신고를 할 수 있습니다.

참고로 항공 수출 물품은 항공사 창고에 반입되기 전에 수출 신고가 수리되어야 하기 때문에 콘솔사 지정 보세구역 반입 시점 전에 미리 수출 신고를 하는 게 좋습니다.

3. X-ray 검사

반입지로 지정된 공항창고에 화물이 입고되면 화물의 외관 상태, 무게 및 수량 등의 정보를 검수(Tally)합니다. 수출지 공항에서 수입지 공항으로의 직항 스케줄이 없어서 환적(T/S) 스케줄로 운송하면 환적 공항에서 한 번 더 X-ray 검사가 이루어질 수 있습니다.

4. 탑재 전 준비

ULD 작업하지 않는 화물인 Bulk Cargo는 Bulk Cargo Compartment에 탑재됩니다. ULD 작업하는 화물은 지상 조업사(대한항공→한국공항(KAS), 아시아나항공→아시아나에어포트

(AAS))가 화물 터미널에서 Build-UP 작업 후 화물기에 탑재됩니다.

5. 항공기 탑재

화물을 항공기에 적재하기 위해 계류장(Ramp)으로 이동합니다. 계류장은 항공기가 수출지에서 출항하기 전과 수입지에서 입항한 후 잠시 정차하는 장소입니다. 이곳에 지상 조업사가 항공기 화물의 기적(Loading) 및 하기(Unloading) 작업, 항공기 내외부 세척, 기내 용품 탑재 등을 수행합니다.

② 항공 수입편(Import Part)

1. 항공기 하선

화물을 적재한 항공기가 해당 항공사와 계약한 터미널로 착륙하면 수입 화물을 항공사 창고로 반입합니다.

2. 화물 해체작업

ULD 단위 수입 화물에 대한 적출 작업(Break down)을 진행합니다. 적출 작업이 끝난 수입 화물은 항공사 창고에 계속해서 보관하거나 타 보세구역으로 이동합니다.

수입지 포워더는 창고 배정과 화물 반출을 위해 항공사로 Cargo Release를 접수합니다.

3. 수입 통관 진행

수입 통관을 진행하기 위해 거래 관세 사무소로 수입신고 필증에 필요한 무역 서류들(인보이스, 패킹리스트, AWB 등)을 전달합니다.

4. D/O 발행 및 반출

수입지 포워더가 발행한 House AWB 운송 비용을 수입 구매자가 납부하면 수입지 포워더는 창고에서 화물을 찾을 수 있는 증서인 화물인도 지시서(D/O, Delivery Order)를 수입 구매자 앞으로 발행합니다. 수입 구매자는 보세구역에 수입신고 필증과 D/O를 가지고 가서 창고료를 납부하면 수입 화물을 찾을 수 있습니다.

03. 운송 비용(운임) 구성

① 해상 운송비용

FCL 컨테이너는 수급에 따라 견적비용에 변동이 있기 때문에 운송 계약 전 거래 포워더로 컨테이너당 운임 견적을 받아보시기 바랍니다(주로 한 달 간격으로 변동).

해상 운임과 부대 비용(Surcharge)은 Part Ⅱ 02. 국제 운송 발생 비용 요약(Summary)을 참고해주시기 바랍니다.

아래에서는 LCL 화물에서 사용하는 R.ton(Revenue ton, 운임톤)에 대해 설명하겠습니다.

Description	Amount	Unit	Measurement	Ex-Rate	Total
OCF	USD 100	Per R.ton	2.23	1,250	USD 223

LCL 운임 청구 사례

R.ton 계산은 부피와 중량을 비교해서 더 큰 값으로 정합니다.

1) 부피(Volume): 화물의 부피는 '가로×세로×높이' 값을 사용합니다. 부피 단위는 CBM(Cubic Meter)을 사용하

고, 가로, 세로, 높이 모두 1미터가 되는 화물의 부피가 1CBM이 됩니다.

2) 중량(Weight): 화물 자체의 순중량(Net Weight)과 포장 무게까지 더한 총중량(Gross Weight) 중 총중량을 사용합니다.

화물 부피가 2CBM이고 중량이 1.5톤이라면 2R.ton이 되고, 부피 1.5CBM, 중량 1톤이라면 1.5R.ton이 됩니다. 만약 부피가 1CBM이 안되고 중량도 1톤이 안 되면 최솟값인 1R.ton을 고정값으로 운임을 계산합니다.

② 항공 운송 비용

화물 무게에 따라 운임표(Tariff)에서 정하고 있는 운임으로 가격을 결정합니다.

1. GCR(General Cargo Rate)

일반 화물(General Cargo)에 적용하는 Rate를 GCR이라고 합니다. 구성은 Minimum(M), Normal(N, -45kg), Quantity Rate(Q)로 나뉩니다. Quantity Rate는 중량 단계별로 적용되는 요율로 45kg(+45kg), 100kg(+100kg), 300kg(+300kg), 500kg(+500kg) 등으로 구성되어 있습니다.

예를 들어, Minimum charge가 50,000원이고 Normal charge가 2,000원/kg인 경우, 실제 화물 중량이 30kg이라면 Minimum 50,000원과 Normal로 계산한 60,000원 (2,000원/kg × 30kg) 중 더 높은 값인 60,000원이 실제 운임이 됩니다.

2. SCR(Special Commodity Rate)

SCR은 동일 구간 반복적으로 운송되는 특정 품목에 대해

GCR보다 낮은 수준의 Rate로 제공하는 운임입니다. 항공사에서 홍보 등의 목적으로 영업 유치를 위해 지정된 품목에 한해서 GCR보다 낮은 가격으로 항공 서비스를 제공합니다.

SCR과 유사한 CC(Class Rate)는 특정 구간 특정 품목에 대해 할인(Reduction)하거나 할증(Surcharge)하는 운임입니다. 할인하는 품목은 주로 책 등이 있고 할증하는 품목에는 동물, 금 등이 있습니다.

부대 비용(Surcharge) 종류

항공 운임(A/F)에는 FSC(Fuel Surcharge, 유류 할증료), SSC(Security Surcharge, 보안 할증료) 외 아래 수수료가 추가 발생할 수 있습니다.

1. 입체 지불 수수료(Disbursement Fee)

인코텀즈 E조건, F조건에서는 수입자가 국제 운송비를 지불해야 합니다. 해당 과정에서 수입지 포워더가 항공기 적재(On Board) 이전에 발생한 수출 Local charge를 대납할 수 있습니다. 수입지 포워더가 해당 대납 의무를 수행하고, 수입자로부터 받는 수수료가 '입체 지불 수수료(Disbursement Fee)'입니다. IATA 기준으로 포워더가 대납한 Origin charge의 10%가 입체 지불 수수료로 청구됩니다.

2. 착지불 수수료(Collect Charge)

인코텀즈 E조건, F조건일 때, 수입지 포워더가 수출지 포워더로 외국환을 결제하는데, 해당 과정에서 환차손이 발생할 수 있고 송금 수수료 등이 추가로 발생합니다. 외국환 대금 결제 과정에서 발생하는 수수료가 착지불 수수료(Collect Charge)이고, IATA 기준 운송비(Air Freight)의 5%(최저요금)가 수입자에게 청구됩니다.

3. 위험물 취급 수수료

위험물(DG, Dangerous Goods) 운송 시 위험물 취급 수수료가 발생하는데, 해당 비용에는 위험물 접수 시 포장 상태, 관련 서류, 관계국 규정 등의 검사 비용이 포함됩니다.

항공 화물도 해상 LCL 화물과 비슷한 방식으로 부피 (Volume)와 중량(Weight)을 비교해서 더 큰 값을 운임단위(운임 중량)로 사용합니다.

항공 화물 가격은 운임 중량(Chargeable Weight)을 사용하는 데, 운임 중량은 부피 중량(Volume Weight)와 실제 중량(Actual Gross Weight)을 비교해서 더 큰 값으로 결정합니다.

1) 부피 중량(Volume Weight): 최대 길이(cm)×최대 폭(cm)×최대 높이(cm) / 6,000(IATA 기준, 특송 화물은 5,000으로 나눕니다.)
2) 실제 중량(Actual Gross Weight): 수출지 공항 보세 창고로 화물을 반입할 때 실측한 중량

두 개의 값 중 큰 값을 운임 중량(Chargeable Weight)으로 하고, GCR 운임표(Tariff) Rate에 있는 금액을 곱히면 최종 항공 운임(Air Freight Charge)을 산출할 수 있습니다.

예를 들어, GCR 운임표가 아래와 같고 부피 중량(Volume Weight)이 50kg, 실제 중량(Actual Gross Weight)이 70kg인 화물이 있다고 가정해보겠습니다.

Minimum(M)	Normall (N, -45kg)	45kg(+45kg)	100kg(+100kg)	300kg(+300kg)
35,000원	3,000원/kg	2,500원/kg	2,300원/kg	2,000원/kg

GCR Cargo Rate(예시)

부피 중량 50kg과 실제 중량 70kg 중 큰 값인 70kg가 운임 중량(Chargeable Weight)이 되고, 해당 화물은 45kg(+45kg) 화물이 적용되는 Rate인 2,500원/kg을 곱하여 항공 운송비 (Air Freight)는 175,000원(70kg × 2,500원/kg)이 됩니다.

15. Cap Sales

일반적으로 수출 판매자로부터 화물 운송을 의뢰받은 수출지 포워더는 선사로부터 부여받은 자사의 포워더 계약번호(SC No)를 이용해서 직접 선사로 해상운송 스케줄을 예약(Booking)합니다.

하지만 경우에 따라서 선사의 특정 구간에 대해 경쟁력 있는 운임(Ocean Freight)을 따로 제공받은 포워더가 특별히 존재할 수 있습니다. 이런 경우 경쟁력 없는 운임을 가진 수출지 포워더는 경쟁력 있는 운임을 가진 포워더 앞으로 운송을 예약(Booking)할 수 있습니다(경쟁력 없는 포워더는 자신이 직접 선사에서 받는 운송비보다 경쟁력 있는 포워더로부터 받는 운송비가 더 저렴하기 때문입니다.).

거래 구조가 '수출 판매자→수출지 포워더→선사'에서 '수출 판매자→수출지 포워더(경쟁력 없는 운임)→수출지 포워더(경쟁력 있는 운임)→선사'로 변경됩니다. 이때, 경쟁력 있는 운임을 가진 포워더가 경쟁력 없는 포워더로 제공하는 운송 서비스를 '캡 세일즈(Cap Sales)'라고 합니다.

PART V

수출입 통관과 환급

(ft. 외국환 거래법)

01. 수입 통관(Import Clearance)

▶ 무역 지식 UP 16. 화물관리번호

▶ 무역 지식 UP 17. 수입세금 계산

▶ 무역 지식 UP 18. 세관 수출입 신고 심사방법

▶ 무역 지식 UP 19. 수출입 환율

▶ 무역 지식 UP 20. 관세 등 과오납(ft. FTA 사후협정세율)

02. 수출통관(Export Clearance)

▶ 무역 지식 UP 21. 수출 적재지 검사

▶ 무역 지식 UP 22. 재수출 면세 vs 재수입 면세

03. 환급

1. 관세환급특례법 환급

2. 관세법 환급

04. 외국환거래법

1. 상계

2. 기간초과 지급

3. 제3자 지급 등

▶ 무역 지식 UP 23. 외국환거래법 상 거주자 vs 비거주자

4. 외국환은행을 통하지 않은 지급

Part V 수출입 통관과 환급(ft. 외국환 거래법)

출처: 관세청 홈페이지

수출 판매자와 수입 구매자 간 물품 매매 계약에서 수출 판매자는 물건을 수출하고 수입 구매자는 수입 대금을 지급하면 거래는 종료됩니다. 하지만 국경을 지나는 통관(通關) 과정에서 문제가 종종 발생하는데요. 통관(通關)이란 '관세선을 통과'한다는 의미입니다. 여기서 말하는 관세선은 국경(Boarder)과는 다소 차이가 있는 개념입니다.

국가(행정부)에서는 보세구역이란 특별한 지역을 지정해서 수출입 물품의 관리(관세 징수 및 수출입 요건 확인)를 국가 통제하에 두고 있습니다. 대표적인 사례로 유해한 성분이 포함된 수입 먹거리의 경우, 수입 단계에서 관리하지 않으면 그 피해가 전 국민으로 확산되기 때문에 수입통관 단계에서 관리하고 있습니다. 수입 단계에서 이러한 물품을 사전에 검사받게 하고 국내 산업 보호를 위해 관세 등 세금을 부과하고 있습니다.

수입 통관은 우리나라에 반입(보세구역을 경유하는 것은 보세구역으로부터 반입)하는 절차를 의미하고, 수출 통관은 내국 물품을 외국으로 반출하는 절차를 의미합니다.

이번 장에서는 수입 통관과 수출 통관 절차를 먼저 소개하고, 무역 과정에서 꼭 챙겨야 할 환급 규정과 외국환 거래법 필수 지식도 함께 안내하겠습니다.

01. 수입 통관(Import Clearance)

수입하고자 하는 물품을 세관장에게 신고하고, 세관장은 관세법과 기타 법령에 따라 수입 신고서를 검토해서 문제가 없다고 판단하면 수입 신고를 수리(통관 허용)합니다.

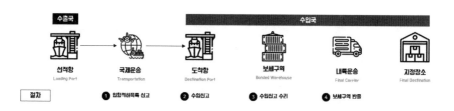

1. [선사/항공사 → 입항지 세관] 입항 적하목록 제출

적하목록은 한자로 '積(쌓을 적) 荷(짐 하)' 목록이고 영어로 'Cargo(짐) Manifest(화물 목록)'으로, 짐(화물)을 쌓은 목록을 의미합니다.

『보세화물 입출항 하선하기 적재에 관한 고시』에서 적하목록 작성 책임자로 '선사 또는 항공사'와 '화물 운송 주선업자(포워더)'를 지정하고 있습니다. 적하목록 작성 책임자는 수출지에서 수출 판매자 등이 발행한 무역 서류(B/L, 인보이스, 패킹리스트 등)를 기초로 수입국 입항 시 적하목록을 세관으로 제출합니다.

해상 FCL 화물

수출지 포워더로부터 무역서류를 전달받은 수입지 포워더가 선사로 'House 적하목록'을 제출하면 선사에서는 제출받은 House 적하목록을 취합해서 선박 전체 적하목록을 기재한 'Master 적하목록'을 입항지 세관으로 제출합니다.

해상 LCL 화물

수입지 포워더와 선사 사이에 소량 화물을 FCL 단위화물(컨테이너 작업)로 혼재작업하는 콘솔사(Consolidator)가 있습니다. 콘솔사는 수입지 포워더가 전달한 화물 정보를 이용해 선사로 'House 적하목록'을 제출합니다. 선사는 선박 전체에 대한 적하목록인 'Master 적하목록'을 입항지 세관으로 신고합니다.

항공 AIR 화물

해상 FCL 화물과 마찬가지로 항공 콘솔사에서 'House 적하목록'을 항공사로 제출하고 항공사에서 이를 취합해서 'Master 적하목록'을 세관으로 신고합니다. 공동 운항의 경우에는 공동 운항 항공사가 작성한 적하목록을 취합해서 실제 운항 항공사가 입항지 세관으로 신고합니다.

16. 화물관리번호

선박과 항공기로 수입하는 수많은 화물관리를 위한 번호 체계를 '화물관리번호'라고 합니다. 화물관리번호는 서로 다른 3가지 번호가 합쳐져서 만들어집니다.

▶ 화물관리번호 = MRN + MSN + HSN

1. MRN(Manifest Reference Number, 적하목록 관리번호)

선사(항공사)가 선박(항공기) 1대에 쌓아놓은 모든 화물 목록을 관리하기 위해 부여한 번호 체계입니다. MRN 구성 체계는 선사 12자리, 항공사 11자리로 이루어져 있습니다.

→ 선사 적하목록 관리번호 예시: 22KETC00101E = 22(신고연도) + KETC(선사 부호) + 00101(화물 일련번호) + E(출항)

→ 항공사 적하목록 관리번호 예시: 23OZ00101I = 23(신고연도) + OZ(항공사 부호) + 00101(일련번호) + I(입항)

2. MSN(Master B/L Sequence Number, Master B/L 일련번호)

Master B/L이란 선사(항공사)가 포워더(항공 콘솔사)와 운송 계약을 체결하고 운송 계약 체결 증서로써, 포워더(항공 콘솔사) 앞으로 발행하는 화물 인수 증서입니다.

선박(항공기)에 적재된 개별 컨테이너 앞으로 발행된 Master B/L에 대해 선사(항공사)가 0001~9999까지 통일된 일련의 숫자로 매칭한 번호체계가 MSN입니다. Master B/L은 문자와 숫자가 혼용되어 있어서 통일하기가 어렵기 때문에 MSN이란 숫자 번호 체계로 통일했습니다.

3. HSN(House Sequence Number, House B/L 일련번호)

House B/L이란 포워더가 개별 기업 화주 앞으로 발행하는 화물 인수 증서입니다.

House의 사전적 의미가 '특정 모임을 위해 모인 단체'라는 뜻이 있는데요. Master B/L이 발급된 한 개의 컨테이너 내부에 개별 기업의 소량 화물이 있으면 포워더는 개별 기업 앞으로 House B/L을 발급합니다. House B/L도 문자와 숫자가 혼용되어 있기 때문에 0001~9999까지 일련의 번호 체계(HSN)로 통일했습니다.

MRN 23OZ00101I, MSN 0001, HSN 0001이라면 화물 관리 번호는 '23OZ00101I-0001-0001'이 되고, 23년 아시아나항공(OZ)으로 입항(I)하는 화물에 대해 첫 번째 컨테이너(0001)에 있는 첫 번째 기업 화주(0001)의 화물을 의미합니다.

Hosue B/L이 발행되지 않고 선사(항공사)가 기업으로 바로 발행하는 Line B/L(항공 Master Single)은 화물관리 번호에서 마지막 HSN이 생략됩니다. HSN B/L 없이 Master B/L만 발행되면 화물 관리 번호는 'MRN + MSN'으로만 구성되고 관세청 유니패스 B/L 유형이 'S(Simple)'이 됩니다. House B/L이 발행된 화물 관리 번호는 'MRN + MSN + HSN'으로 B/L 유형은 'C(Consol)'가 됩니다.

참고로 공컨테이너는 B/L 유형이 'E(Empty)'로 표시됩니다.

2. [관세사 → 입항지 세관] 수입 신고서 제출

수입 통관 흐름도(출처: 관세청 홈페이지)

수입 신고는 입항 전, 보세구역 반입 전, 보세구역 반입 후
에 할 수 있습니다.

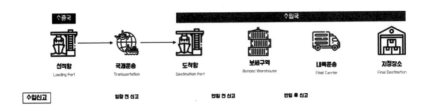

수입 신고 시점 구분

입항 전 수입 신고

화물이 수입항(P.O.D) 입항 전에 수입신고하는 방법입니다. 컨테이너 단위 화물인 FCL 화물과 항공 화물에서 사용하며 수입지 CY에 화물이 반입되기 전에 수입 신고가 수리됩니다.

LCL 화물은 CFS에서 컨테이너 화물을 화주별로 구분하기 위한 적출 작업(Devanning)이 필요하기 때문에 CFS로 반입이 잡혀야만(반입 후) 수입 신고를 할 수 있습니다.

입항 전 수입 신고는 '하선(기) 신고가 수리되기 전'까지 할 수 있기 때문에 적하목록 신고하고 선박이 접안된 상태라도 하선(기) 신고가 수리되기 전이라면 입항 전 수입 신고를 할 수 있습니다.

보세구역 반입 전 신고

보세구역에 화물이 반입되기 전에 수입 신고하는 방법입니다.

통상 입항 후 바로 화물이 보세구역으로 반입되지만, 간혹 당일에 반입이 안 되면 FCL 화물(CY 반입)은 2영업일 이내, LCL 화물(CFS 반입)은 3영업일 이내에는 반입됩니다.

보세구역에 도착하기 전에 세관 심사와 세금 납부까지 완료했어도 수입 신고 수리는 보세구역에 도착한 이후에 이루어집니다

보세구역 반입 후 신고(★)

보세구역에 화물이 반입된 후 수입 신고를 하는 방법으로 수입 신고 대부분이 보세구역 반입 이후에 진행됩니다.

3. [수입 구매자 → 수입지 세관] 관부가세 납부 및 수입 신고 수리

수입 신고 납부 방법

사전 납부 업체(원칙)

관세사에서 수입신고서를 제출하고 관할지(화물 소재지를 관할하는 세관)에서 결제통보를 알려주면 결제통보일로부터 15일 이내에 관세 등 세금을 납부해야만 수입신고가 수리(통관완료)됩니다. 수입 신고서 '징수 형태'로 '[11] 신고, 수리 전 납부'를 기재합니다.

월별납부 업체(원칙)

과거 수출입 실적이 있고 담보를 제공한 기업은 '월별 납부 제도'를 이용해서 수입 건마다 관세 등을 납부하지 않아도 수입통관이 허용됩니다. 매월 발생(납부 기한이 동일한 달에 속하는 세액)한 관세 등 세금은 담보 한도 범위 내에서 사후에 일괄헤서 납부할 수 있습니다. 수입 신고서 '징수 형태'로 '[43] 월별 납부'를 기재합니다.

예를 들어, 7월 1일에 수입 신고하여 발생한 관세 등 10만 원(납부 기한 7월 15일)과 7월 5일 수입 신고하여 발생한 관세 등 15만 원(납부 기한 7월 20일)이 있다면 두 건 모두 납부 기한이 7월로 동일하기 때문에 7월의 마지막 날에 관세 등을 일괄해서 납부할 수 있습니다.

사후 납부 업체(예외)

관세법에서 관세 납부기한을 '수입신고수리 후 15일 이내'로 규정하고 있습니다. 하지만 해당 규정은 '월별 납부 제도'를 이용하고 있는 기업이 담보 한도를 초과해서 수입하는 경우 해당 초과분에 대해서만 수입신고수리 후 적용하는 예외적인 케이스입니다. 사후 납부 업체는 세액 납부 없이 수입 신고 수리를 받고 수입 신고 수리일로부디 15일 이내에 세액을 납부합니다. 수입 신고서 '징수 형태'로 '[14] 사후 납부'를 기재합니다.

17. 수입 세금 계산

종 류	세 금
관세	과세가격×관세율
개별 소비세	(과세가격 + 관세)×개별 소비세율 or 기준 가격 초과 가격*×개별 소비세
주세	주정: 수입 물량×주세율
	주정을 제외한 주류: (과세가격+관세)×주세율
교통·에너지·환경세	수입 물량×교통·에너지·환경세율
농어촌 특별세	조특법·관세법에 따른 관세 감면 물품: 관세 감면 세액×농어촌 특별 세율
	개별 소비세를 납부하는 물품: 개별 소비세액×농어촌 특별 세율
교육세	개별 소비 세액, 교통·에너지·환경 세액, 주세액×교육 세율
부가가치세	(과세가격+관세+개소세+주세+교통·에너지·환경세+농특세+교육세) ×부가세율

*기준 가격 초과 물품은 보석, 진주 등 귀금속 물품에 해당하며 『개별소비세법』에 열거하고 있습니다.

[수입 물품에 부과되는 세액 종류]

출처: 플레이그라운드 브루어리

주세가 부과되는 $1,000 맥주(HS CODE 2203.00-0000, 기본 세율 30%)를 100리터 수입(FTA 미적용)하는 계약을 체결했습니다. FOB 조건이기 때문에 수입자가 해상 운송비를 지불해야 되기 때문에 맥주가격 $1,000(환율 $1=1,300원 가정)는 수출자에게 직접 송금하고 해상 운송비 100,000원은 수입지 포워더로 따로 지불했다면 예상 세액은 다음과 같습니다.

종 류	세 금
과세가격	물품 금액($1,000×1,300원) + 운송비 100,000원 = 1,400,000원 → 수입물품 과세가격은 운송비가 포함되는 'CIF 기준'입니다.
관세(A)	과세가격(1,400,000원)×기본 세율(30%) = 420,000원
주세(B)	수입 물량(100L×주세율 800원/L(예시))= 80,000원
교육세(C)	주세액(80,000원)×30% = 24,000원
부가세(D)	[과세가격(1,400,000원)+관세(420,000원)+주세(80,000원)+교육세(24,000원)]×10% = 192,400원
합 계	관세(A)+주세(B)+교육세(C)+부가세(D)=716,400원

수입 물품에 부과되는 세액 종류

18. 세관 수출입 신고 심사 방법

수입 과정에서 세관으로 제출하는 대표서류는 인보이스 (Invoice), 패킹 리스트(Packing List), 선하증권(B/L), 원산지 증명서(C/O, Certificate of Origin), 검사증(검역증) 등이 있고, 해당 서류들을 전자제출합니다.
세관에서는 수출입 신고 내용의 정확성(품명, 수량, 원산지 표기, 상표법 위반 등)을 확인하고 수출입 화물의 우범성 등을 고려해 아래 3가지 방법으로 수입화물을 검사합니다.

1. P/L(Paperless)

수출입 신고 내용에 이상이 없는 경우 추가 첨부 서류(Paper) 제출 없이 심사를 완료하는 것을 말하며 신속 통관을 지원하는 한국 세관에서는 P/L을 원칙으로 합니다.

2. 서류 제출

수입 신고서 기재 사항 중 품명, 규격 등 일부만 기재했거나 수입자가 최초로 수입하는 물품 등은 『수입통관 사무 처리에 관한 고시』 제13조 (서류 제출 대상 선별 기준)에 '서류 제출 대상'으로 규정되어 있습니다. 서류 제출로 지정되면 수입 신고시 작성 근거가 되는 서류를 세관으로 직접 제출할 것을 요구합니다.

3. 현품 검사

수입 신고 사항과 현품의 일치 여부를 세관 공무원이 직접 확인할 필요가 있는 경우, 수입 신고한 물품을 직접 눈으로 확인하는 검사 방법입니다. 검사 대상으로 선별되면 관련 서류를 먼저 세관으로 제출하면서 세관 공무원과 검사 일정을 조율합니다. 검사 일자에 세관 공무원과 함께 수입 화물이 보관된 창고로 입회해서 수입 신고한 화물을 검사합니다.

19. 수출입 환율

수출입 거래 당사자 간 대금결제는 수출 판매자가 발행한 인보이스에 기재된 금액을 수입자가 결제 당시의 '은행 전신환 매도율'을 적용한 대금으로 송금합니다. 반대로 국내에서 수출하고 대금을 받을 때는 '은행 전신환 매입율'에 따라 해외 수입 구매자가 송금한 금액을 환전해서 송금받습니다.

하지만 수입 신고서에 적용하는 수입(관세) 환율과 수출 신고서에 적용하는 수출 환율은 『관세평가 운영에 관한 고시』에서 따로 규정하고 있습니다.

1. 수입(과세) 환율

주요 외국환 은행의 월요일부터 금요일까지 최초 고시된 대고객 전신환 매도율을 평균하여 결정합니다.

2. 수출 환율

주요 외국환 은행의 월요일부터 금요일까지 최초 고시된 대고객 전신환 매입율을 평균하여 결정합니다.

※ 과세 환율은 매주 토요일 관세청 유니패스에서 공개하며 적용 기간은 다음날 일요일 00시부터 다음 주 토요일 24시까지입니다. 과세 환율 조회는 전날 금요일 오후에 확인할 수 있기 때문에 다음 주 과세 환율이 낮아진다면 수입 신고를 다음 주로 미뤄서 과세가격을 낮출 수도 있습니다(단, 해당 기간만큼 창고료가 발생할 수 있습니다.).

4. [수입 구매자 → 내륙 운송사] 보세구역 반출 및 최종 도착지 수령

기업은 수입 신고가 수리되면 관세사로부터 수입신고필증을 전달받고 포워더로부터 D/O(Delivery Order)를 발급받아서 해당 서류를 보세창고에 제출하면 화물을 반출할 수 있습니다.

실무에서는 관세사무소 또는 수입지 포워더가 수입 구매자를 대신해 수입신고필증과 D/O 발행 등 문서 처리와 보세구역에서 수입자 창고(Door)까지 화물을 운송할 내륙 트럭 기사를 수배하는 서비스를 대행합니다.

내륙 운송 방법은 선사와 계약한 내륙 운송 회사를 이용하는 '라인(Line) 운송'과 관세사나 포워더가 계약한 내륙 운송 회사를 이용하는 '자가 운송'이 있습니다. 보통 라인 운송이 자가 운송보다 비용은 높지만 자가 운송을 하는 경우 '자가 관리비'라는 항목의 비용을 선사로 추가 납부해야 합니다.

20. 관세 등 과오납(ft. FTA 사후 협정 세율)

'과오납'이란 과납(많이 납부)과 오납(잘못 납부)의 합성어입니다. 적정하게 산출한 세액보다 과다하게 납부하거나 잘못 납부했다면 당연히 잘못된 부분을 고쳐서 부족하게 납부한 세액은 추가로 납부하고 과다하게 납부한 세액은 환급받아야 합니다.

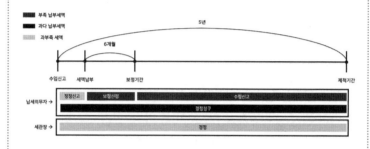

세액 정정(보정, 수정, 경정) 가산세 기간별 정리

1. [과부족] 정정 신고(수입 신고~수입 신고 수리)

납세 의무자가 수입 신고한 세액을 납부하기 전에 그 세액이 과부족(過不足)하다는 것을 알게 되면 신고한 세액을 정정할 수 있습니다. (『관세법』 제38조) 정정 신고는 세액납부 전에 신고한 세액을 정정하기 때문에 가산세가 부과되지 않습니다.

2. [부족] 보정 신청(수입 신고 수리~신고 납부한 날로부터 6개월)

납세 의무자는 납부한 세액이 부족하다는 것을 알게 되거나 세액 산출의 기초가 되는 과세가격 또는 품목 분류 등에 오류가 있는 것을 알게 되었을 때는 신고 납부한 날부터 6개월 이내(보정 기간)에 해당 세액을 보정(補正)하여 줄 것을 세관장에게 신청할 수 있습니다. (『관세법』 제38조의 2)

조기에 잘못된 사항을 납세 의무자가 정정했기 때문에 인센티브로 수정 신고보다는 낮은 보정 이자율(은행 정기 예금 이자율 수준)을 적용해서 산출한 '보정 이자'를 납부해야 합니다.

3. [부족] 수정 신고(보정 기간 ~ 제척 기간)

납세 의무자는 납부한 세액이 부족한 경우에는 수정 신고(보정 기간이 지난 날부터 제척 기간까지)를 할 수 있습니다. 이 경우 납세의무자는 수정 신고한 날의 다음 날까지 부족세액 등을 납부해야 합니다. (『관세법』 제38조의 3 제1항)

수정 신고할 경우, 납세 의무자가 관세법에서 정하는 적정 가격 신고 의무를 다하지 못한 제재로 가산세를 징수합니다.

4. [과다] 경정 청구(수입 신고~제척 기간)

납세 의무자는 납부 세액, 보정 신청한 세액, 수정 신고한 세액이 과다한 것을 알게 되었을 때는 최초로 수입 신고를 한 날부터 관세 부과 제척 기간까지 신고한 세액의 경정을 세관장에게 청구할 수 있습니다. (『관세법』 제38조의 3 제2항)

과다 납부한 세액을 국가가 보유하고 있었기 때문에 납세 의무자는 과다 납부한 세액을 환급받을 때 은행 이자율 등을 고려한 환급 가산금도 돌려받습니다.

FTA C/O가 수입 신고 당시에는 준비되지 못했고 수입 신고 후에 확보된 경우에도 경정 청구 제도를 이용할 수 있습니다. 먼저, 수입신고 당시에는 FTA C/O가 없기 때문에 FTA 특혜를 받지 못하는 세율(높은 세율)로 수입 신고를 진행합니다. 향후 수입 신고 수리일로부터 1년 이내에 C/O를 구비하여 경정 청구하면 '기존 납부세액과 FTA 특혜 세율을 적용해서 산출한 세액(낮은 세율)'만큼의 관세 등을 환급받을 수 있습니다.

5. [과부족] 경정(수입 신고~제척 기간)

세관장은 납세 의무자가 신고하거나 납부한 모든 세액을 심사한 결과 과부족하다는 것을 알게 되었을 때는 해당 과부족 세액을 경정합니다. (『관세법』 제38조의 3 제6항)

항 목	정정 신고	보정 신청	수정 신고	경정 청구	경 정
주 체	납세 의무자				세관장
원 인	과부족	부족		과 다	과부족
결 과	–	보정 이자	가산세	환급 가산금	가산세(부족) 환급 가산금 (과다)
납부 기한	당초 납부 기한	보정 신청한 날의 다음 날	수정 신고한 날의 다음 날	–	고지받은 날부터 15일

관세 등 과오납 요약

02. 수출 통관(Export Clearance)

1. [수출 판매자 → 수출지 포워더] 선복 예약(Shipment Booking)

　수출 판매자는 수출지 포워더로 선적 스케줄에 맞는 선복 예약(Shipment Booking)을 요청합니다. 수출지 포워더는 선사(항공사)로 예약 확정(Booking Confirmation)을 받아서 수출 판매자에게 해당 스케줄을 전달합니다.

2. [수출 판매자 → 관세사] 수출 신고서 작성 요청

　우리나라는 EDI(전자 문서 교환, Electronic Data Interchange) 방식으로 수출통관을 진행하기 때문에 신고인과 세관 모두 P/L(서류 없는, Paperless) 방식으로 업무를 처리합니다.

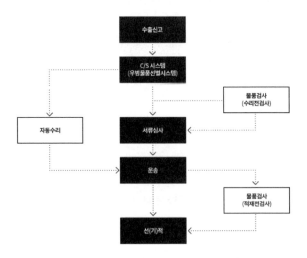

수출 통관 흐름도(출처: 관세청 홈페이지)

수출 판매자가 작성한 인보이스(C/I, Commercial Invoice)와 패킹 리스트(P/L, Packing List)를 관세 사무소로 이메일 보내면서 아래 3가지 사항도 함께 전달하면 관세 사무소에서 신속히 수출 통관을 대행해줍니다.

수출 사유

수출 신고 사유에 따라 세관에서 사유서 제출(사유서에 사용할 회사 명판 직인 포함)을 요구할 수 있습니다. 예를 들어, 수입한 물품이 계약 내용과 달라서 다시 수출하는 물품이라면 세관에서 수입 신고서와 함께 계약 내용과 다른 물품이 수입되었음을 증명하는 서류(사유서 등)를 함께 요청할 수 있습니다.

물품 소재지

수출 신고는 원칙적으로 수출신고 당시 물품이 소재하고 있는 지역을 관할하는 세관으로 신고해야 합니다. 따라서 수출 신고 당시 수출 화물이 소재하고 있는 장소 위치(ex. 창고 주소)도 함께 관세 사무소로 전달해야 합니다.

단, 중고 자동차, 플라스틱 폐기물, 생활 폐기물 중 컨테이너에 적입해서 수출하는 물품 등은 보세구역 반입 후 신고(적재지 신고)해야 하기 때문에 물품 소재지에서 수출 신고를 할 수 없습니다.

적재 예정 보세구역

수출지 포워더가 선사(항공사)로 예약(Booking) 완료하면 선사 (항공사)에서 적재 예정 보세구역(CY)을 안내해줍니다. 수출지 포워더가 아직 예약(Booking) 이전이라면 보세 구역 CODE를 모르기 때문에 적재지를 '미정'으로 기재해서 신고합니다.

화물이 실세 적재(On Board)되기 이전에 수출 신고가 수리된 수출신고필증에는 '적재 전'이라는 문구가 기재됩니다.

수출신고필증(적재 전) 샘플(수출 통관 사무처리 고시 별지 제1호)

수출신고필증(적재전, 갑지)

＊ 처리기간 : 즉시

✔ ▶ **무역 지식 UP**

21. 수출 적재지 검사

[수출 적재지 검사]

수출 신고가 수리되고 선박 등에 화물이 적재하기 전에 아래 안내문을 교부받으면 최종 적재지에서 수출 화물 검사(컨테이너 검색기 또는 차량 이동형 검색기 등)를 받습니다.

동 물품은 적재지검사 대상으로 선박·항공기에 적재전 보세구역 반입후 적재지 관할세관에 검사 요청하고 물품검사를 받아야 하며, 위반시 관세법 제276조제4항제7호에 따라 처벌(1천만원 이하 벌금)받을 수 있음.

적재지 검사 안내문(출처: 수출 통관 사무 처리 고시 별표 9)

적재지 검사는 수출물품이 선(기)적되는 적재지 보세구역에서 수출화물 현품을 검사하는 방법입니다. 해상 FCL 화물은 CY에서 적재지 검사를 수행하고, 해상 LCL화물은 CFS에서 작업을 마치고 CY에서 검사를 수행하며, 항공 화물은 항공사(또는 콘솔사) 창고에서 적재지 검사를 진행합니다.

적재지 검사로 지정되면 CY 반입 후 세관 공무원의 검사일정에 따라 수출 물품 선적이 지연되어 수출 스케줄에 변동이 생길 수 있습니다.

3. [수출 판매자 → 내륙 운송사] 컨테이너 픽업 및 적입(Stuffing)

수출 판매자는 픽업지 CY에서 픽업한 컨테이너를 수출 판매자 창고(Door)로 운송할 내륙 운송사를 수배합니다. 수출자 창고(Door)에서 화물 적입(Stuffing) 작업을 마친 컨테이너는 적재항 CY로 운송되어 적재(On Board) 대기합니다.

해상 LCL은 콘솔사가 운영하는 CFS에 화물을 집결해서 컨테이너 작업을 마친 후 컨테이너 적입 작업이 완료되면 CY로 이고(운송)합니다.

4. [화물 터미널 → 선사(항공사)] 선박(항공기) 적재(On Board)

적재항 CY(항공사 창고)에 집결한 화물을 선박(항공기)에 적재(On Board)합니다. 적재가 완료되면 아래 '수출 이행 수출신고필증'이 발행됩니다.

최초 수출 신고 수리일로부터 30일 이내(적재 의무 기한)에 적재가 이행되지 않으면 과태료가 부과될 수 있기 때문에 주의하셔야 합니다. 만약 30일 이내에 적재가 곤란할 경우 미리 1년의 범위 내에서 적재 기한 연장 신청을 하시면 됩니다.

수출신고필증(수출 이행) 샘플(수출 통관 사무 처리 고시 별지 제1호)

✔ **▶ 무역 지식 UP**

22. 재수출 면세 vs 재수입 면세

- 재수출 면세(관세법 제97조)

1. 면세 물품

수입 신고 수리된 물품이 일정 기간이 지난 후 다시 수출하기로 예정되어 있다면 최초 수입 시 관세를 면제하고 있습니다. 해당 물품은 포장 물품, 개인 신변 용품, 박람회 출품 상품, 국제 회의 물품, 샘플 견본 등으로 『관세법 시행규칙』 제50조에 총 23가지를 열거하고 있습니다.

하자 보수 수리 후 재수출한다면 인보이스(C/I)를 작성할 때, 물품(무상)과 수리비(유상)으로 구분해서 기재하고, 해당 인보이스를 수리비 입금의 근거 자료로 사용할 수 있습니다.

테스트로 수입 후 다시 재수출한다면 테스트 물품 수입 시 작성한 인보이스 단가와 수출할 때 사용하는 인보이스 단가가 동일해야 하고 비고(Remark)란에 무상(F.O.C.)으로 기재해서 수출입 신고 자료로 사용할 수 있습니다.

2. 면세 요건

최초 수입 과정에서는 재수출 조건으로 수입한다는 사실을 입증하는 서류를 세관으로 제출하고 수입 시 면세받는 금액만큼의 담보를 제공해야 합니다. 담보는 서울보증보험(SGI)에서 '납세보증보험'을 가입하면 됩니다.

재수출 시 세관에서 설정한 재수출 이행 기한을 초과하지 않도록 유의해야 하고, 수입한 물품과 동일한 상태로 물품이 재수출

되어야 합니다. 따라서 수입신고필증과 수출신고필증 상 HS CODE는 동일해야 하고 제품의 Serial No.가 있다면 해당 번호를 통해 동일성을 입증할 수 있습니다.

수출 통관 단계에서 세관은 동일성 입증 확인을 위해 P/L 신고가 아니라 서류 제출 또는 현품 검사하기 때문에 수출 일정을 여유롭게 준비해야 합니다.

3. 주의 사항

관세법상 재수출 면세는 수입 시 납부할 '관세'만을 면제합니다. 부가가치세 면세는 『부가가치세법』 제27조 제13호와 시행령 제55조에 따라 면세받습니다.

부가가치세법 제27조 제13호 (재화의 수입에 대한 면세)	부가가치세법 시행령 제55조 (일시 수입하는 재화로서 관세가 감면되는 것의 범위)
13. 다시 수출하는 조건으로 일시 수입하는 재화로서 관세가 감면되는 것 중 대통령령으로 정하는 것. 다만, 관세가 경감되는 경우에는 경감되는 비율만큼만 면제한다.	법 제27조 제13호 본문에 따른 다시 수출하는 조건으로 일시 수입하는 재화로서 관세가 감면되는 것은 「관세법」 제97조에 따라 관세가 감면되는 것으로 한다.

만약 재수출 면세를 받았지만 상황이 바뀌어서 수입신고 당시 의도했던 용도 외로 사용한다면 '용도 변경 신청서'를 세관으로 제출하고 면세받은 세액을 즉시 납부해야 합니다.

대표적인 예로 국내 전시회에 출품하기 위해 재수출 조건으로 관세를 면제받았지만 전시회 기간 중 물품이 판매되었다면 수입자는 세관으로 용도 외 사용을 신청해서 세액을 납부하고 해당 비용만큼을 물품 가액에 포함해서 국내 구매자에게 판매하는 게 좋습니다.

– 재수입 면세(관세법 제99조)

1. 면세 물품

수출된 후 다시 수입될 때 관세를 면제하는 재수입 면세는 관세법 제99조에 규정되어 있습니다. 추가 가공 등 사용 없이 다시 수입되는 물품으로 수리 후 재반입되는 물품, 전시회 참가 후 재반입 물품, 계약과 달라서 다시 반입하는 물품 등이 있습니다.

2. 면세 요건

최초 수출 신고 된 물품과 재수입되는 물품이 동일하다는 사실을 증거 자료(사진 등)로 입증해야 합니다. 해외에서 추가 가공을 거치지 않았기 때문에 수출신고필증과 재수입 시 HS CODE는 동일해야 하며 대부분의 재수입 면세 대상 물품은 수출 신고 수리일로부터 2년 이내에 반입되어야 합니다.

만약 수출 이행 후 관세 환급을 받은 경우, 관세 환급금을 반환해야만 재수입 시 관세를 면제받을 수 있습니다.

3. 주의 사항

재수입 면세도 재수출 면세와 마찬가지로 '관세'만 면제합니다. 따라서 부가세 면세는 『부가가치세법』 제27조 12호와 시행령 54조에서 규정하는 바에 따라 수출신고필증상 무상 수출한 경우에만 재수입 시 부가세를 면세하고 유상 수출(사업자가 재화를 사용하거나 소비할 권한을 이전)한 경우에는 재수입할 때 부가세를 납부해야 합니다.

부가가치세법 제27조 제12호 (재화의 수입에 대한 면세)	부가가치세법 시행령 제54조 (다시 수입하는 재화로서 관세가 감면 되는 것의 범위)
12. 수출된 후 다시 수입하는 재화로서 관세가 감면되는 것 중 대통령령으로 정하는 것. 다만, 관세가 경감(輕減)되는 경우에는 경감되는 비율만큼만 면제한다.	법 제27조 제12호 본문에 따른 수출된 후 다시 수입하는 재화로서 관세가 감면되는 것은 사업자가 재화를 사용하거나 소비할 권한을 이전하지 아니하고 외국으로 반출하였다가 다시 수입하는 재화로서 「관세법」 제99조에 따라 관세가 면제되거나 같은 법 제101조에 따라 관세가 경감되는 재화로 한다.

03. 환급

① 관세 환급 특례법 환급

1. 환급 개요

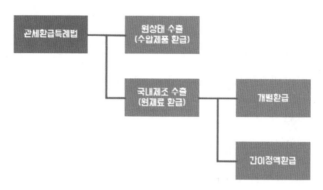

관세 환급 특례법 '환급' 개요

관세 환급 특례법의 정확한 명칭은 '수출용 원재료에 대한 관세 등 환급에 관한 특례법'입니다. 해당 법률은 수출 물품을 수입한 상태 그대로 유상 수출(원상태 수출)하거나 해당 수입 물품을 사용해 제조한 제품을 수출(국내 제조 수출)하면 해당 수입 원재료를 수입할 때 납부한 관세 등을 환급해서 수출을 촉진할 목적으로 제정되었습니다.

수출을 증진할 목적도 있지만 수출한 물품은 국내가 아닌 해외에서 소비 또는 사용되기 때문에 국내에서 소비 또는 사용을 전제로 미리 거둔 세금은 다시 기업으로 돌려주는 게 맞겠죠.

2. 환급 종류

　관세 환급 특례법상 원상태 수출은 수입한 물품을 그대로 수출 신고하기 때문에 수입 시 납부한 관세를 그대로 돌려받습니다. 환급 방법, 환급액 산정 등이 간편합니다.

　문제는 수입 원재료를 이용해서 국내 제조 후 수출하는 '원재료 환급'입니다. 수출품에 사용된 개별 원재료를 수입할 때 납부한 관세를 산정(개별환급)하는 방법이 복잡해서 전문 인력이 부족한 중소기업은 환급 세액이 있어도 환급을 받지 못하는 경우가 많습니다. 관세청에서는 이러한 중소기업을 지원하기 위해 수출만 하면 원재료 수입 시 납부한 관세를 계산할 필요 없이 일정 금액을 바로 환급해주는 '간이정액 환급'제도를 운영하고 있습니다.

구 분	개별환급	간이정액환급
설 명	수출 물품 제조에 사용된 원재료의 수입 시 납부 세액을 계산해서 환급액을 결정하는 방식	간이 정액률표에 게시한 수출 물품에 대해 원재료 납부 세액을 따로 계산하지 않고 수출 금액 1만 원당 일정 금액을 환급액 결정해서 지급
특 징	정확한 환급액 산정	개별 환급보다 낮은 환급액
적용 기업	모든 수출 기업	직전 2년간 환급액이 매년 6억 원 이하 중소기업
대상 품목	모든 수출 물품	간이 정액률표에 게기된 특정 물품
제출 서류	수입 원재료 납부 세액 증명 서류, 수출 물품 제조 소요량 계산서 등	'자동 환급' 등록 업체는 별도 신청 없이 세관에서 자동 환급

개별 환급 vs 간이정액 환급 비교

'간이정액환급률표'에 게기된 물품은 수입 원재료에 대한 고려 없이 수출만 하면 수출 금액에 비례해서 일정 금액(수입 원재료가 사용되었다고 가정해서 매년 정액환급액 결정)을 환급합니다.

연번	세번	품명	수출금액(FOB) 1만원당 환급액
1	0202.20-1000	갈비	10
2	0202.30-0000	뼈 없는 것	90
3	0303.23-0000	틸라피아[오레오크로미스(Oreochromis)속]	10
4	0303.24-0000	메기[판가시우스(Pangasius)속·실루러스(Silurus)속·클라리아스(Clarias)속·익타루러스(Ictalurus)속]	10
5	0303.25-0000	잉어[사이프리너스(Cyprinus)종·카라시우스(Carassius)종·크테노파린고돈 이델루스(Ctenopharyngodon idellus)·하이포프탈미크티스(Hypophthalmichthys)종·시리누스(Cirrhinus)종·마일로파린고돈 피세우스(Mylopharyngodon piceus)·카틀라 카틀라(Catla catla)·라베오(Labeo)종·오스테오킬루스 하셀티(Osteochilus hasselti)·렙토바르부스 호에베니(Leptobarbus hoeveni)·메갈로브라마(Megalobrama)종]	10

간이 정액환급률표(발췌)

예를 들어, HSK 0202.20-1000(갈비)를 1억 원 수출하면 10만 원(수출 금액 1만 원 기준 환급액 10원)을 환급받을 수 있습니다.

만약 간이 정액환급률표에 없는 물품을 환급받고자 하는 기업은 개별 환급을 신청해야 합니다.

3. 수출 이행 기간 & 환급 신청 기한

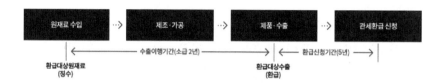

환급 특례법 수출 이행 기간 & 환급 신청 기간(출처: 관세청)

　관세 환급 특례법상 사용된 원재료는 수출 등에 제공한 날의 말일로부터 소급해서 2년 이내에 수입된 물품에 한해서 환급됩니다. 뒤집어 말하면 수입 후 2년 이내에 수출해야만 수입 시 납부한 관세를 환급받을 수 있습니다.

　수출하고 난 후 환급세액이 있다면 수출 신고 수리 후 5년 이내에 관세 환급을 세관으로 신청하지 않으면 환급 청구권이 소멸해서 환급을 받을 수 없습니다.

② 관세법 환급

1. 환급 개요

관세법 제106조(계약 내용과 다른 물품 등에 대한 관세 환급)은 수입 신고 수리된 물품이 계약과 다른 물품(위약 물품)으로 확인되어 해외로 반품할 때 사용하는 환급 규정입니다.

위약 물품 환급 조건에 해당하면 수입 시 납부한 관세를 전액 환급해줍니다. 만약 관세 환급액만 계산할 수 있으면 수입 물품의 일부를 수출해도 수입 시 납부한 관세의 일부분을 환급합니다.

참고로 『관세법』에 있는 '과오납 환급(제46조)'은 수출입 거래에 발생하는 환급이 아니라 세금을 납부하는 과정에서 발생하는 환급입니다.

(▶ 무역 지식 UP 20. 관세 등 과오납(ft. FTA 사후 협정 세율) 참고)

2. 환급 조건 및 신청 기한

환급을 받기 위해서는 수입한 물품이 계약 내용과 다른 물품이라는 사실을 입증하는 서류(계약서, 발주서, 수입 물품 사진, 이메일 등)를 제출하고 수입 당시 성질이나 형태가 변경되지 않고 다시 보세구역(또는 자유무역 지역)에 반입해서 수출해야 합니다.

수입 신고 수리일로부터 1년 이내에 보세구역으로 반입해

야 하고 수출 신고 수리일(보세 공장 생산 물품은 보세 공장 반입 신고
일)로부터 5년 이내에 환급 신청하지 않으면 환급 청구권이
소멸됩니다.

04. 외국환 거래법 준수 사항

수출입 무역은 국가 간 거래이기 때문에 필연적으로 외국환 거래를 수반합니다. 외국환 은행에서는 무역 대금을 지급하고 수취하는 과정에서 『외국환 거래법』에 따라 지급 증빙 서류를 확인하는데, 일반적인 무역 거래는 외국환 은행장(또는 한국은행 총재) 신고 대상이 아닙니다.

하지만 특정 방식(『외국환 거래법』 제16조)으로 무역 대금을 결제할 경우에는 불법 외화 유출입 수단으로 악용될 수 있다고 봐서 사전에 외국환 은행장(또는 한국은행 총재)에게 신고하도록 규정하고 있습니다.

신고 대상 거래를 미신고하면 아래의 과태료가 부과됩니다.

– 외국환 은행장 신고대상: 위반금액의 2%(최소 100만 원)

– 한국은행 등 신고대상: 위반금액의 4%(최소 200만 원)

건당 위반 금액 25억 원을 초과하면 '1년 이하 징역 또는 1억 원 이하의 벌금'에 처하기 때문에 유의해야 합니다.

이번 장에서는 수출입 무역 대금 결제와 관련해서 주의해야 할 『외국환 거래법』 제16조(지급 또는 수령의 방법의 신고)에 대해서 안내하겠습니다.

① 상계

1. 신고 대상

상계란 무역 계약으로 발생한 채권, 채무를 기존에 있었던 채권, 채무로 상쇄하고 잔액만 지급하는 결제 방법입니다. 상계는 건별 결제하는 번거로움도 피할 수 있고 송금 수수료도 절약할 수 있는 장점이 있습니다. 하지만 외국환 거래 규모, 잔액 등 외국환 거래 내역 정보를 외환 감독 당국이 신속히 파악하기 어렵고, 해당 거래를 악용해서 자본의 불법적인 유출입이 발생할 수 있어서 신고 제도를 두고 있습니다.

외국환 거래규정 제5-4조 제2항

거주자가 수출입, 용역 거래, 자본거래 등 대외 거래를 함에 있어서 계정의 대기 또는 차기에 의하여 결제하는 등 비거주자에 대한 채권 또는 채무를 비거주자에 대한 채무 또는 채권으로 상계를 하고자 하는 경우에는 외국환 은행의 장에게 신고하거나, 상계 처리 후 1개월 이내에 외국환 은행의 장에게 사후 보고를 하여야 한다.

---

2. 신고 제외 대상

무역 대금의 일부만 지급 또는 수령하는 상계에 해당하지만 다음의 방법으로 상계를 하면 신고하지 않아도 됩니다. 상계 제외 대상 중 수출입 기업에 적용되는 규정만 일부 발췌했습니다.

외국환 거래규정 제5-4조 제1항

1. 일방의 금액(분할하여 지급 등을 하는 경우에는 각각의 지급 등의 금액을 합산한 금액)이 미화 5천 불 이하인 채권 또는 채무를 상계하고자 하는 경우

2. 거주자가 거주자와 비거주자 간의 거래 또는 행위에 따른 채권 또는 채무를 상호 계산 계정을 통하여 당해 거래의 당사자인 비거주자에 대한 채무 또는 채권으로 상계하고자 하는 경우

3. 거주자가 파생상품 거래에 의하여 취득하는 채권 또는 채무를 당해 거래 상대방과의 반대 거래 또는 당해 장내 파생상품 시장에서 동종의 파생상품 거래에 의하여 취득하는 채무 또는 채권과 상계하거나 그 상계한 잔액을 지급 또는 수령하는 경우

4. 연계 무역, 위탁가공 무역 및 수탁가공 무역에 의하여 수출 대금과 관련 수입 대금을 상계하고자 하는 경우

5. 물품의 수출입 대금과 당해 수출입 거래에 직접 수반되는 중개 또는 대리점 수수료 등을 상계하고자 하는 경우

6. 거주자 간에 외화 표시 채권 또는 채무를 상계하고자 하는 경우

7. 조세에 관한 법률 등에 따라 거주자와 비거주자 간 거래와 관련하여 발생한 소득에 대한 원천징수 후 잔액을 지급 또는 수령하는 경우

8. 거주자와 비거주자 간 국내 소송·중재 등에 따른 지급 등과 관련하여 소송비용 등을 상계하거나 그 상계한 잔액을 지급 또는 수령하는 경우

3. 사례

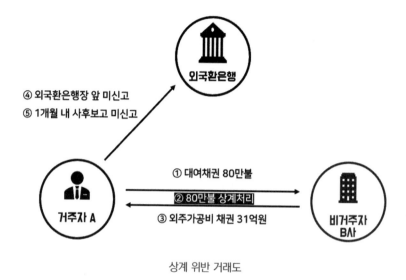

④ 외국환은행장 앞 미신고
⑤ 1개월 내 사후보고 미신고

외국환은행

거주자 A

① 대여채권 80만불
② 80만불 상계처리
③ 외주가공비 채권 31억원

비거주자
B사

상계 위반 거래도

위반 내역

거주자 A씨는 한국은행으로 금전대차(자본거래 신고항목)를 신고하고 베트남 소재 현지 법인 B에 80만 달러를 대여하였습니다. 외국환 은행장에 신고 없이 차주인 B사에 상환하여야 할 외주 가공비 미지급금 채무 31억 원 중 80만 달러에 해당하는 금액을 위 대여금 채권과 상계했으며, 상계 후 1개월 이내에 사후 보고하지 않아서 상계 신고 의무를 위반했습니다.

거주자와 비거주자 양 당사자 간 상계를 하는 경우 거주자
가 외국환 은행장에 사전 신고하거나 상계 처리 후 1개월 이
내에 사후 보고해야 합니다.

② 기간 초과 지급

원칙적으로 수출입 대금을 지급하고 수령하는 기간에는 특별한 제한도 없고 신고도 요구하지 않습니다. 하지만 거래 상대방의 우월적 지위에 따른 선지급 요구, 물품 공급자에 대한 제조 비용 지원 등 경상 거래를 가장한 비거주자에 대한 대출 또는 비거주자로부터의 차입 등 자본거래로 악용하는 가능성을 배제하기 위해서 기간초과 지급 제도(**외국환 거래규정 제 5-8조**)를 두고 있습니다.

수 령	지 급
계약 건당 미화 5만 불을 초과하는 수출 대금을 다음의 방법으로 수령하고자 하는 경우	다음의 방법으로 수입 대금을 지급하고자 하는 경우
1. 본지사 간의 수출 거래로서 무신용장 인수인도 조건 방식 또는 외상수출채권 매입방식에 의하여 결제 기간이 물품의 선적 후 또는 수출 환어음 수출환어음의 일람 후 3년을 초과하는 경우 2. 본지사 간의 수출 거래로서 수출 대금을 물품의 선적 전에 수령하고자 하는 경우 3. 본지사 간이 아닌 수출 거래로서 수출 대금을 물품의 선적 전 1년을 초과하여 수령하고자 하는 경우. 다만, 선박, 철도 차량, 항공기, 「대외무역법」에 의한 산업 설비의 경우는 제외한다.	1. 계약 건당 미화 5만 불을 초과하는 미가공 재수출할 목적으로 금을 수입하는 경우로서 수입 대금을 선적 서류 또는 물품의 수령일부터 30일을 초과하여 지급하거나 내수용으로 30일을 초과하여 연지급 수입한 금을 미가공 재수출하고자 하는 경우 2. 계약 건당 미화 2만 불을 초과하는 수입 대금을 선적 서류 또는 물품의 수령 전 1년을 초과하여 송금 방식에 의하여 지급하고자 하는 경우. 다만, 선박, 철도 차량, 항공기, 「대외무역법」에 따른 산업 설비에 대한 미화 5백만 불 이내의 수입 대금을 지급하는 경우는 제외한다.

※ 수령 3번, 지급 2번 중 불가피한 사유로 인정되는 경우에는 1년을 초과한 날로부터 3월 이내에 사후 신고할 수 있습니다.

③ 제3자 지급 등

1. 신고 대상

무역 계약을 체결한 당사자가 아닌 자와 무역 대금을 지급 또는 수령하는 경우에는 외국환 은행장(또는 한국은행 총재)에게 신고하도록 규정하고 있습니다.

제3자 지급은 거래의 당사사가 아닌 제3자가 거래의 당사자 일방과 외국환을 지급하고 수령해서 결제를 종결하는 행위를 말합니다. 해당 규정은 대체 송금(환치기*) 등 자본의 유출과 마약 등 불법 자금의 세탁 및 조세 회피 수단으로 악용될 소지를 막기 위해 신고 제도를 두고 있습니다.

※ 환치기: 해외로 송금하려는 자가 국내 환치기 업자의 계좌에 돈을 입금하면, 국외 환치기 동업자가 입금 사실을 확인한 후, 동 금액을 해외 수취인에게 지급하는 방법으로 환치기는 '제3자 지급' 및 '외국환 은행을 통하지 아니하는 지급 등의 방법' 신고 위반 대상입니다.

외국환 거래규정 제5-10조 제2, 3항

1. 외국환 은행장 신고
   미화 5천 불을 초과하고 미화 1만 불 이내의 금액(분할하여 지급 등을 하는 경우에는 각각의 지급 등의 금액을 합산한 금액을 말한다)을 제3자와 지급 등을 하려는 경우에는 외국환 은행의 장에게 신고하여야 한다.

2. 한국은행 총재
   미화 1만 불을 초과하는 금액을 거주자가 제3자와 지급 등을 하려는 경우에는 한국은행 총재에게 신고하여야 한다.

2. 신고 제외 대상

제3자 지급 등 신고 대상 제외 규정은 『외국환 거래규정』 제5-10조 제1항에 총 31가지 나열되어 있습니다. 일반적인 수출입 기업에 주로 적용되는 규정만 발췌했습니다.

외국환 거래규정 제5-10조 제1항

1. 미화 5천 불 이하의 금액을 제3자 지급 등을 하는 경우(분할하여 지급 등을 하는 경우에는 각각의 지급 등의 금액을 합산한 금액을 말한다.)

2. 거주자 간 또는 거주자와 비거주자 간 거래의 결제를 위하여 당해 거래의 당사자인 거주자가 당해 거래의 당사자가 아닌 비거주자로 부터 수령하는 경우

3. 비거주자 간 또는 거주자와 비거주자 간 거래의 결제를 위하여 당해 거래의 당사자가 아닌 거주자가 당해 거래의 당사자인 비거주자로부터 수령하는 경우 및 동 자금을 당해 거래의 당사자인 거주자가 당해 거래의 당사자가 아닌 거주자로부터 수령하는 경우

4. 해외 현지 법인을 설립하거나 해외 지사를 설치하고자 하는 거주자가 동 자금을 해외 직접 투자와 관련된 대리 관계가 확인된 거주자 또는 비거주자에게 지급하는 경우

5. 수입 대행 업체(거주자)에게 단순 수입 대행을 위탁한 거주자(납세 의무자)가 수입 대행 계약 시 미리 정한 바에 따라 수입 대금을 수출자인 비거주자에게 지급하는 경우

6. 거주자가 인터넷으로 물품 수입을 하고 수입대금은 국내 구매 대행 업체를 통하여 지급하는 경우 및 수입 대금을 받은 구매 대행 업체가 수출자에게 지급하는 경우

7. 비거주자가 인터넷으로 판매자인 다른 비거주자로부터 물품을 구매

하고 구매 대금을 거주자인 구매 대행 업체를 통하여 지급하는 경우 및 구매 대금을 받은 거주자인 구매 대행 업체가 판매자인 다른 비거주자에게 지급하는 경우

8. 거주자 간 거래의 결제를 위하여 당해 거래의 당사자인 거주자가 당해 거래의 당사자가 아닌 거주자와 지급 등을 하는 경우

9. 거주자가 외국환 은행 또는 이에 상응하는 금융기관에 개설된 에스크로 계좌(거래의 안정성을 확보하기 위하여 중립적인 제3자로 하여금 거래 대금을 일시적으로 예치하였다가 일정 조건이 충족되면 당초 약정한 대로 자금의 집행이 이루어지는 계좌를 말한다.)를 통해 비거주자와 지급 등을 하는 경우

10. 해외 광고 및 선박 관리 대리 대행 계약에 따라 동 업무를 대리 대행하는 자가 지급 또는 수령하는 경우

11. 다국적 기업의 상계 센터를 통한 상계로서 한국은행 총재에게 상계 신고를 이행한 후 상계 잔액을 해당 센터에 지급하는 경우

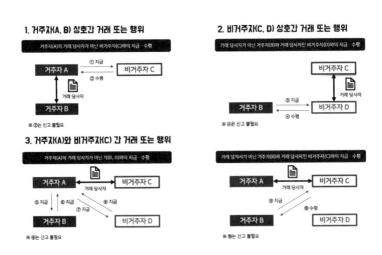

제3자 지급 및 제외 대상 요약

3. 사례

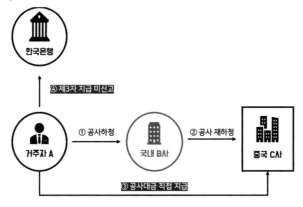

제3자 지급 위반 거래도

위반 내역

거주자 A는 고객으로부터 공사를 수주받아 이를 국내의 B 회사에게 하청을 주고 B 회사는 이를 중국 소재 C 회사에 재하청을 주었는데, B 회사가 도산하자 한국은행 총재에 신고하지 않고 C사에 공사 대금을 직접 지급해서 '제3자 지급 등에 관한 신고'를 위반했습니다.

유의 사항

거주자가 제3자 지급 등을 하는 경우에는 신고의 예외 사유에 해당하는 경우가 아니라면, 지급 등 금액에 따라 외국환 은행장(미화 5천 불 초과 미화 1만 불 이내) 또는 한국은행 총재(미화 1만 불 초과) 앞으로 신고해야 합니다.

23. 외국환 거래법 상 거주자 vs 비거주자

구분 방법 1. '주소 또는 거소'로 분류(원칙)

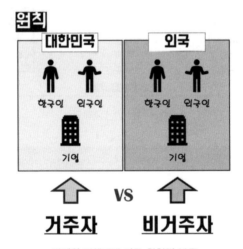

외국환 거래법에 따른 원칙적 분류

대한민국에 '주소 또는 거소'를 두고 있는 개인, 대한민국에 '주된 사무소'를 두고 있는 법인은 '거주자'로 분류합니다.
반대로 '거주자'를 제외(대한민국이 아닌 외국에 '주소 또는 거소'를 둔 개인, 대한민국이 아닌 외국에 '주된 사무실'을 둔 법인)하면 모두 '비거주자'로 분류합니다.

외국환 거래법은 외국환, 즉 돈에 관한 법이기 때문에 한국인, 외국인처럼 사람을 기준(인적 기준)으로 신고 대상을 구분하지 않고 대한민국에 '주소 또는 거소'를 두고 있으면 한국인이든지 외국인이든지 모두 '거주자'로 분류합니다.

구분 방법 2. '영업, 기간 등'으로 구분(예외)

만약 국내와 해외 모두에 '주소 또는 거소'가 있으면 어떻게 될까요? 외국환 거래법 시행령에서 이러한 경우 거주자와 비거주자 구분방법을 추가로 설명하고 있습니다.

1. 한국인의 경우

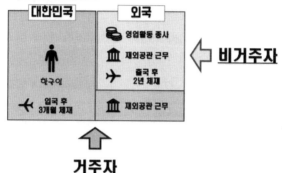

한국인의 거주성 판단 기준

한국인이 '주소 또는 거소(원칙)'으로 거주성을 판단할 수 없다면 아래 추가 3가지 지표로 거주성을 판단할 수 있습니다.

구 분	거주자	비거주자
영업활동	-	외국에서 영업 활동 종사
재외공관 등	외국 소재 대한민국 재외공관 근무	외국 국제 기구에 근무
체재 기간	입국해서 국내에 3개월 이상 체재	2년 이상 외국에 체재

한국인 거주성 판단표

1) 영업 활동 지표

한국인이 외국에서 영업 활동에 종사하면 비거주자입니다.

2) 재외공관 등 지표

한국인이 외국에 있는 한국 공관에 근무하면 거주자로 분류
하고 외국 국제 기구에 근무하면 비거주자로 분류합니다.

3) 체재 기간

한국인이 비거주자 요건을 갖추어서 비거주자가 된 후, 국
내 입국해서 3개월 이상 국내에 체류한다면 거주자로 변경
됩니다. 거주자였던 한국인이 2년 이상 외국에 체류하게 되
면 비거주자가 됩니다. (2년 체류 기간 중에 한국에 일시 귀
국해서 3개월 이내 기간 동안 체류하면 비거주자 2년 기간
에 포함됩니다.)

2. 외국인의 경우

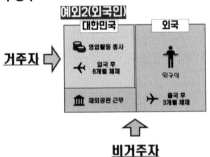

외국인의 거주성 판단 기준

외국인도 동일하게 아래 3가지 추가 지표로 거주성을 판단할
수 있습니다.

구 분	거주자	비거주자
영업활동	국내에서 영업 활동 종사	-
재외공관 등	-	외국 정부 공관, 국제 기구 근무
체재 기간	6개월 이상 국내 체재	외국에 3개월 이상 체재

외국인 거주성 판단표

1) 영업 활동 지표

외국인이 한국에서 영업 활동에 종사하면 거주자입니다.

2) 재외공관 등 지표

외국인이 외국에 있는 공관이나 외국 국제 기구에 근무하면 비거주자로 분류합니다.

3) 체재 기간

외국인이 국내에서 6개월 이상 체재할 경우 거주자로 변경됩니다. 거주자였던 외국인이 출국해서 외국에 3개월 이상 체재하게 되면 다시 비거주자로 변경됩니다.

참고로 국내 체류 기간 계산은 여권에 표시된 출입국 기록을 기준으로 합니다.

3. 법인의 경우

법인은 재외공관만 주의하면 됩니다. 재외공관의 의미는 '외국에 있는 공공관서'라는 뜻입니다. 공공관서는 지역보다는 공공기관의 성격이 더 강하기 때문에 국내외 지역과는 상관없이 한국 재외공관은 거주자로 분류하고 외국 재외공관은 비거주자로 구분합니다.

④ 외국환 은행을 통하지 않은 지급

1. 신고 대상

우리나라의 외국환 거래는 외국환 취급 기관을 통해서만 지급 또는 수령하도록 합니다. 외국환 거래를 외국환 은행으로 일원화하면 외국환 제도의 운용을 체계적으로 관리할 수 있기 때문에 우리나라는 과거부터 외국환 은행 위주의 거래 및 관리 체계를 유지하고 있습니다. 만약 대외 채권 등을 외국환 은행을 통하지 않고 지급 등을 하려면 한국은행 총재에게 신고해야 합니다.

외국환 거래규정 제5-11조 제2항

거주자가 외국환 은행을 통하지 아니하고 지급 등을 하고자 하는 경우(물품 또는 용역의 제공, 권리의 이전 등으로 비거주자와의 채권 채무를 결제하는 경우를 포함)에는 한국은행 총재에게 신고하여야 한다.

---

2. 신고 제외 대상

외국환 은행을 통하지 않은 지급 등 신고 대상 제외 규정 (『외국환 거래규정』 제5-11조 제1항) 중 수출입 기업에 적용되는 규정 중심으로 발췌했습니다.

외국환 거래규정 제5-11조 제1항

1. 외항 운송업자와 승객 간에 외국 항로에 취항하는 항공기 또는 선박 안에서 매입, 매각한 물품 대금을 직접 지급 또는 수령하는 경우

2. 거주자가 인정된 거래에 따른 지급을 위하여 송금 수표, 우편환 또는 는 유네스코 쿠폰으로 지급하는 경우

3. 거주자가 외국에서 보유가 인정된 대외 지급 수단으로 인정된 거래에 따른 대가를 외국에서 직접 지급하는 경우

4. 거주자와 비거주자 간에 국내에서 내국 통화로 표시된 거래를 함에 따라 내국 지급 수단으로 지급하고자 하는 경우

5. 외국환 은행의 장의 확인을 받은 다음 아래에 해당하는 경우
   - 대외무역 관리 규정 별표 3 및 별표 4에서 정한 물품을 외국에서 수리 또는 검사를 위하여 출국하는 자가 외국 통화 및 여행자 수표를 휴대 수출하여 당해 수리 또는 검사비를 외국에서 직접 지급하는 경우
   - 영화, 음반, 방송물 및 광고물을 외국에서 제작함에 필요한 경비를 당해 거주자가 대외 지급 수단을 휴대 수출하여 외국에서 직접 지급하는 경우
   - 스포츠 경기, 현상 광고, 국제 학술 대회 등과 관련한 상금을 당해 입상자에게 직접 지급하는 경우

6. 거주자와 비거주자 간 또는 거주자와 다른 거주자 간의 건당 미화 1만 불 이하(단, 「경제 자유 구역의 지정 및 운영에 관한 특별법」에 따른 경제 자유 구역에서는 10만 불 이하)의 경상 거래에 따른 대가를 대외 지급 수단으로 직접 지급하는 경우

7. 본인 명의의 신용카드 등으로 해외여행 경비, 국제 기구 가입비 등을 지급하는 경우

8. 법위의 예산으로 해외 여행을 하고자 하는 법인 소속의 해외 여행자(일반 해외 여행자에 한함)가 당해 법인 명의로 환전한 해외 여행 경비를 휴대 수출하여 지급하는 경우

3. 사례

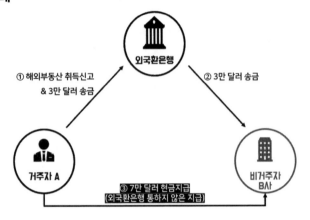

① 해외부동산 취득신고
& 3만 달러 송금

외국환은행

② 3만 달러 송금

거주자 A

③ 7만 달러 현금지급
(외국환은행 통하지 않은 지급)

비거주자
B사

외국환 은행을 통하지 않은 지급 위반 거래도

위반 내역

거주자 A는 지정 외국환 은행장에 비거주자 B 소유의 베트남 소재 토지를 10만 달러에 매입하는 해외 부동산 취득 신고(자본거래 신고대상)를 하고 같은 날 매입 자금의 일부인 3만 달러를 송금하였지만, 한국은행 총재에 신고하지 않고 B에게 직접 잔금 7만 달러를 현금으로 지급하여 '외국환 은행을 통하지 않는 지급' 신고를 위반했습니다.

유의 사항

거주자가 외국환 은행을 통하지 아니하고 지급 등을 하고자 하는 경우 외국환 거래법상 신고의 예외로 규정된 경우를 제외하고 한국은행 총재에게 사전 신고해야 합니다.

PART VI

주요 수출입 세무 회계

세무회계를 알고 있으니
손해볼 일이 없네!

영세율

Part VI 주요 수출입 세무 회계

01. 수출 영세율

영세율의 의미는 문자 그대로 '영(0)'의 세금을 납부한다는 의미입니다. 기업 입장에서 세금을 납부하지 않는다는 의미가 무엇인지 살펴보겠습니다.

① 부가가치세(VAT) 의미 및 납부 구조

영세율 제도에서 납부하지 않는 세금은 바로 '부가가치세(VAT)'입니다. 부가가치세란 상품(재화), 서비스(용역)를 거래할 때 발생하는 부가가치(이익)에 대해 과세하는 세금입니다.

국내 사업자가 부가가치세를 납부하는 방법은 '전단계 세액공제' 방식입니다. 전단계 세액공제 방식은 매출 세액에서 매입 세액을 차감해서 계산합니다. 매출 세액은 과세 대상 사업자가 상품, 용역을 제공하면서 거래 금액의 10%의 부가가치세를 추가로 징수하는 금액이고, 매입 세액은 과세 대상 사업자가 상품, 용역을 제공받을 때 거래금액의 10%의 부가가치세를 추가로 납부한 금액입니다.

부가가치세 납부 구조

국내 공급자가 원재료를 10원에 구입해서 50원 상당의 가공품을 생산해서 국내 수출자로 판매하고 국내 수출자는 최종 완제품을 100원에 수출하는 거래를 가정해 보겠습니다.

1) 국내 공급자 기준

국내 공급자는 원재료를 10원에 구입할 때 이미 매입세액 1원(공급가액 10원의 10%)을 부가가치세로 국내 생산자에게 지급했습니다. 또한, 가공한 물품을 국내 수출자로 판매하면서 물품 대금 50원과 더불어 5원(공급가액 50원의 10%)을 국내 수출자로부터 지급받았습니다.

→ 국내 공급자가 납부할 부가가치세는 4원(5원 매출 세액 - 1원 매입 세액)이 됩니다.

2) 국내 수출자 기준

국내 수출자도 원래 국내 공급자와 동일한 방식으로 부가가
치세를 납부해야 합니다. 하지만 수출 거래는 영세율 제도가
적용되기 때문에 부가가치세 매출 세액을 해외 구매자로부터
따로 징수받지 않고 국내 공급자에게 지급한 부가가치세 매입
세액 5원만 공제받습니다.

→ 국내 수출자의 부가가치세 납부세액은 −5원(0원 매출 세액
- 5원 매입 세액)이 되어 5원을 환급받습니다.

② 영세율 취지

1) 수출 지원

수출을 지원하기 위해서 영세율을 적용합니다. 만약 수출자가 부가가치세를 해외 구매자에게 징수한다면 수출 가격은 높아지고 국산품의 해외 가격 경쟁력이 떨어지기 때문에 수출이 자연스럽게 줄어들 수밖에 없습니다.

2) 이중 과세 방지(소비지국 과세 원칙)

재화를 수출하는 경우 수출국과 수입국에서 부가가치세를 각각 과세하는 경우를 생각해 보겠습니다. 동일 재화, 용역에 대해 수출국과 수입국 모두 과세하는 이중 과세 문제가 발생하기 때문에 재화를 수출하는 국가에서는 소비세(우리나라는 부가가치세)를 부과하지 않고 수입국에서만 과세하기로 국제 사회에서 합의했습니다.

③ 영세율 적용 대상(부가가치세 제21조)

출처: 농림축산식품부

영세율 제도는 수출재화에만 국한되지 않고 방위산업 물자 등에도 적용할 수 있지만, 이번 장에서는 수출 영세율만 살펴보겠습니다.

1. 재화의 국외 반출

수출이란 내국 물품을 외국으로 반출하는 것으로 여기서 반출은 우리나라에서 재화나 용역이 외국으로 나가는 것을 의미합니다. 대금 결제가 이루어지는 유상 반출이나 대금 결제가 이루어지지 않는 무상 반출 여부를 불문하고 모두 영세율 적용 대상입니다.

다만, 국외 사업자에게 견본품을 무상 반출하거나 광고 선전을 목적으로 불특정 다수인에게 광고 선전용 재화를 무상 배포하는 경우에는 영세율이 적용되지 않습니다.

2. 국내 사업장에서 계약과 대가 수령 등 거래가 이루어지는 것으로 다음에 해당하는 것

– 중계 무역 방식의 수출

– 위탁 판매 방식 수출: 물품 등을 환거래 없이 수출하여 해당 물품이 판매된 범위에서 대금을 결제하는 계약

– 외국인도 수출: 수출 대금은 국내에서 영수하지만 국내에서 통관되지 아니한 수출 물품 등을 외국으로 인도하거나 제공하는 수출

– 위탁 가공 무역 수출: 가공임을 지급하는 조건으로 외국에서 가공할 원료의 전부 또는 일부를 거래 상대방에게 수출하거나 외국으로 인도하는 방식의 수출

– 무상 원료 제공 수출: 원료를 대가 없이 국외의 수탁 가공 사업자에게 반출하여 가공한 재화를 양도하는 경우

3. 국내에서 공급하는 재화

- 사업자가 내국 신용장 또는 구매 확인서에 의하여 공급하는 재화(금지금은 제외)

- 사업자가 한국국제협력단법에 의한 한국국제협력단에 공급하는 재화(한국국제협력단이 동법 제7조의 규정에 의한 사업을 위하여 당해 재화를 외국에 무상으로 반출하는 경우에 한한다.)

- 사업자가 「한국국제보건의료재단법」에 따른 한국국제보건의료재단에 공급하는 재화(한국국제보건의료재단이 같은 법 제7조에 따른 사업을 위하여 해당 재화를 외국에 무상으로 반출하는 경우만을 말한다.)

- 사업자가 해당 요건을 갖춘 경우(국외의 비거주자 또는 외국법인과 직접 계약에 의하여 공급할 것, 대금을 외국환 은행에서 원화로 받을 것, 비거주자 등이 지정하는 국내의 다른 사업자에게 인도할 것, 국내의 다른 사업자가 비거주자 등과 계약에 의하여 인도받은 재화를 그대로 반출하거나 제조 가공 후 반출할 것.)

④ 영세율 vs 면세

1. 차이점

영세율은 매출 세액이 없고 매입 세액만 공제받는 제도입니다. 즉, 납부할 세금을 0원으로 만들고 환급(매입 세액 공제)할 금액만 발생하기 때문에 납세 의무자 입장에서는 기존에 납부한 매입세액 전부를 환급받는 제도로 부가가치세 부담이 전부 사라지는 '(부가세) 완전 면세 제도'입니다.

반면 부가가치세 면세는 부가가치세 자체를 신고하거나 납부할 의무가 없습니다. (소득세, 법인세 신고 의무는 있습니다.) 매출 세액에 대해 납부할 부가세도 없지만 반대로 매입 세액으로 납부한 부가세도 환급(공제)받지 못하기 때문에 '부가세 부분 면세 제도'라고 합니다.

면세 제도 취지는 '역진성 완화 및 최종 소비자 세부담 경감'입니다. 역진성 완화는 필수 생필품의 경우, 똑같은 100원의 물품이라도 소비자 A(소득 100만 원), 소비자 B(소득 1만 원)가 필수 생필품 구매로 느끼는 경제적 부담이 다르기 때문에 국가에서 면세 물품을 정해 이를 보완한다는 의미입니다.

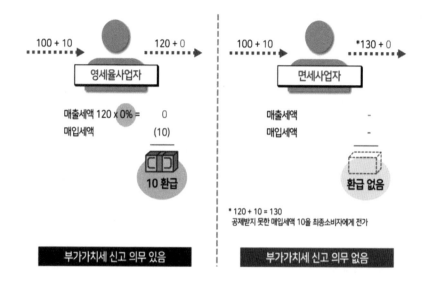

출처: JOBIS

2. 부가세 면세 대상(부가가치세법 제26조)

기초생활   국민후생   문화재화   금지금   ▶ ₩0
필수재화   재화·서비스   면제

출처: 농림축산식품부

기초생활 필수품, 국민 후생 관련 재화 및 용역 공급에 대해 정책적으로 부가가치세를 면세하고 있습니다.

구 분	면세대상
기초생활 필수 재화·용역	- 미가공 식료품(국산, 외국산 모두 면세) - 국산 비식용미가공 　농·축·수·임산물(외국산은 과세) - 여객 운송 용역(지하철, 시내버스 등) - 주택과 그 부수 토지 임대 용역
국민 후생 재화·용역	- 의료, 보건 용역 - 주무관청의 허가, 인가를 받거나 주무관청에 　등록, 신고된 교육 용역
문화 관련 재화·용역	- 도서(도서 대여 용역 포함), 신문, 방송(광고는 　과세) - 도서관, 박물관, 미술관의 입장

부가가치 구성 요소	- 금융, 보험 용역 - 토지의 공급(매매)(건물의 공급은 과세)
기 타	- 국가, 지방자치단체가 공급하는 재화·용역 - 국가, 지방자치단체에 무상으로 공급하는 재화·용역(유상 공급은 과세) - 공익 단체(종교, 자선, 학술 그 밖의 공익 목적 단체)가 공급하는 재화·용역

출처: 부가세 면세 정리

3. 회계 처리 방법 비교

영세율 사업자가 100원의 물품을 공급받으면 공급가액의 10%인 10원을 해당 과세기간에 공제받을 수 있지만, 면세 사업자는 매입세액을 공제받을 수 없기 때문에 공급받을 때 납부한 10원을 최종 판매 가격에 전가하게 됩니다.

차 변	대 변
상품 100원 부가세 대급금 10원	현금 110원

영세율 매입 단계 회계 처리

차 변	대 변
상품 110원	현금 110원

면세 매입 단계 회계 처리

4. 부가세 면세 포기(영세율 적용으로 전환 방법)

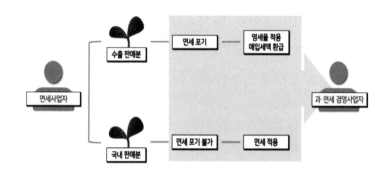

출처: JOBiS

부가세 면세 포기란 부가가치세 면세 사업자가 면세 제도 적용을 받지 않고 과세 사업자 적용을 받아서 영세율을 적용받는 제도입니다.

면세 사업자 중 면세 대상 재화를 수출하면 면세 포기가 가능합니다. 영세율 적용되는 부분만 면세 포기를 해서 수출 판매분은 영세율 적용(매입 세액 공제)을 받고 국내 판매분은 면세 적용을 받아서 과세와 면세 사업을 겸업하는 '과·면세 겸영 사업자'로 전환할 수 있습니다.

면세 포기 신청은 관할 세무서장 앞으로 신고하고 사업자 등록 정정을 하면 됩니다.

⑤ 영세율 조기 환급

부가가치세 환급은 물건, 용역을 구매할 때 지불한 매입 부가세가 물건이나 용역을 팔 때 지급받은 매출 부가세보다 큰 경우에 발생하며 면세 사업자와 간이 사업자를 제외한 모든 일반 사업자에 대해 적용합니다.

1. 일반적인 환급 기간

과세유형	분류		과세대상기간	신고/납부 기간	신고대상자
일반과세자	1기	예정	1월1일~3월 31일	4월1일~4월25일	법인사업자
		확정	1월1일~6월30일	7월1일~7월25일	법인사업자, 개인사업자
	2기	예정	7월1일~9월30일	10월1일~10월25일	법인사업자
		확정	7월1일~12월31일	1월1일~1월25일	법인사업자, 개인사업자
간이과세자	확정		1월1일~12월31일	1월1일~1월25일	-

일반적인 부가세 납부 기간

부가가치세 신고 기간은 1년에 2번(1기, 2기)으로 나누어져 있고 해당 기간은 분기별로 예정 기간, 확정 기간으로 구분되어서 1년에 총 4번 신고가 있습니다.

분기별로 예정 신고 기간(1분기, 3분기)에는 분기에 해당하는 부가가치세를 납부 기한 다음 달 25일까지 신고 납부합니다.

확정 납부 기간(2분기, 4분기)에는 예정 신고 기간에 납부한 금액을 최종 정산해서 해당 기간 환급액을 확정해서 환급합니다. (예정 신고 기간에 환급세액이 발생해도 확정 신고 기간 환급합니다.)

문제는 1기 과세 기간에 환급액이 발생해도 1기 확정 신고 기한(7월 25일)이 지난 후 30일 이내에 해당 환급액을 지급받는다는 점입니다.

2. 조기 환급 안내

국가에서는 기업을 지원하기 위해 부가가치세 조기 환급 제도를 운영하고 있습니다. 대규모 설비 구입, 부동산 구입 등도 조기 환급 대상이지만, 아래에서는 수출업 영세율 조기 환급에 초점을 맞춰서 설명하겠습니다.

구분	기간	신고기한
매월	1월1일~1월31일	2월1일~2월25일
	2월1일~2월28일	3월1일~3월25일
	3월1일~3월31일	4월1일~4월25일
	4월1일~4월30일	5월1일~5월25일
	5월1일~5월31일	6월1일~6월25일
	6월1일~6월30일	7월1일~7월25일
매2월	1월1일~2월28일	3월1일~3월25일
	2월1일~3월31일	4월1일~4월25일
	4월1일~5월31일	6월1일~6월25일
	5월1일~6월30일	7월1일~7월25일
매3월	1월1일~3월31일	4월1일~4월25일
	4월1일~6월30일	7월1일~7월25일

부가세 조기 환급 신고 기간(1기 기준)

수출 기업을 지원하기 위해 국가에서는 일반적인 신고 기간 (6개월 단위)이 아닌 다양한 신고 기간(매월, 매 2월, 매 3월)을 두고 있습니다.

조기 환급의 장점은 신고 기간도 단축되지만 환급 기한도 '환급 기한 후 30일 이내'가 아닌 '환급 기한 후 15일 이내'로 단축된다는 점입니다.

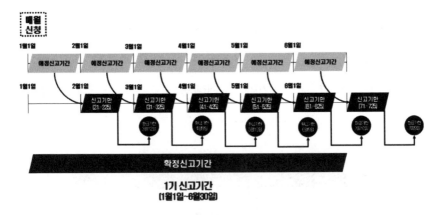

매월 조기 환급

'매월' 신고 기간은 매 1개월이 신고 기간이 되고 부가세 신고는 다음 달 25일까지 합니다. 매월 신청을 하면 1월에 발생한 환급세액을 2월 25일까지 환급 신청해서 3월 12일 내로 환급받을 수 있습니다. 약 5달 정도 빠르게 환급받을 수가 있습니다.

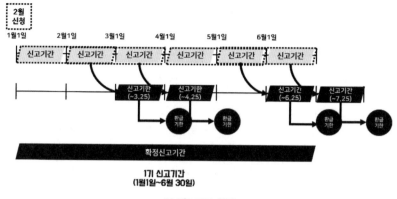

매 2월 조기 환급

'매 2월' 신고 기간은 2개월 단위(1~2월/2~3월/4~5월/5~6월)이고 부가세 신고는 다음 달 25일까지 합니다.

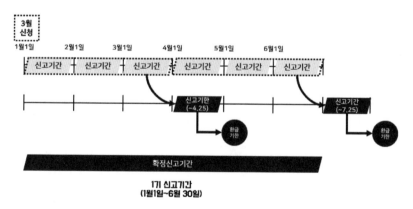

매 3월 조기 환급

'매 3월' 신고 기간은 마찬가지로 3개월 단위(1~3월/4~6월)이고 매 3개월 신고 기간 다음 달 25일까지 부가세 신고합니다.

조기 환급을 받을 수 있는 사업자는 각 신고 기간 단위별로 영세율 등의 적용 대상이 되는 과세 표준이 있는 경우에 만 해당됩니다. 예를 들어 아래와 같이 2월에 영세율 과세 표준이 없는 경우에는 조기 환급 제도를 이용할 수 없습니다.

구 분	1월	2월	3월
영세율 과세 표준	100,000,000원	0원	1,000,000원
조기 환급 신고 여부	가능	불가능	가능

02. 내국 신용장과 구매 확인서

국내에서 수출용 외화획득 원재료 구입에 필요한 내국 신용장과 구매 확인서를 사례를 통해 알아보겠습니다.

① 탄생 배경

요식 업계 대부인 국내 A 씨는 중국 현지를 탐방하던 중 중국 사람들이 좋아하는 특별 과자 레시피를 알게 됩니다. 만들기만 하면 대박 아이템인 특별 과자를 생산하기 위해 국내 밀가루 생산자 B 씨의 특수 밀가루가 필요했습니다. (밀가루는 원래 면세지만 해당 사례는 특수 가공한 밀가루로 생각해 주세요.)

B 씨의 밀가루를 이용해 국내 A 씨가 생산한 특별 과자는 중국에서 대성공을 했습니다. 곧이어 중국의 빅바이어가 대규모 중국 과자를 주문했습니다.

하지만 국내 제조자 A 씨와 공급자 B 씨는 빅바이어가 제안한 과자를 생산할 자금이 부족했습니다. 자칫하다가 대규모 수출 계약을 놓치게 될 수도 있고, 국가 입장에서는 외화 획득을 할 수 있는 큰 기회를 놓치게 됩니다.

이러한 상황에서 국내 제조자 A 씨, 공급자 B 씨, 국가 모두에 도움이 될 수 있는 제도가 '내국 신용장(Local L/C)'와 '구매 확인서'입니다.

② 내국 신용장(Local L/C, Local Letter of Credit)

1. 거래 Process

내국 신용장은 해외(중국)에서 발행한 신용장(빅바이어 구매 약속)을 담보로 수출 제조자(A씨)는 국가가 제공하는 무역 금융으로 돈을 빌려서 수출품을 제조하고, 국내 생산자(B 씨)는 수출품 원재료(밀가루) 생산 자금을 조기에 쉽게 빌릴 수 있는 무역 금융입니다.

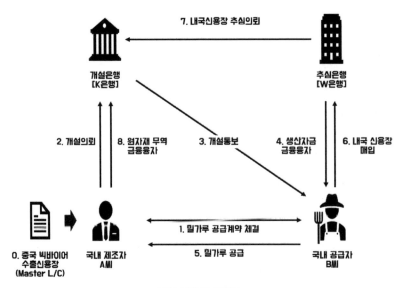

내국 신용장 거래도

0) 거래의 시작

국내 제조자 A 씨는 중국 빅바이어로부터 대규모 수입 계약서와 함께 수출 신용장(Master L/C)을 통지 받았습니다.

신용장(L/C, Letter of Credit)은 '신용의 문서'라는 의미입니다. 수입국 은행이 수입자를 대신해서 수출자에게 수출 대금을 지급하겠다고 약속한 증서입니다. (PART III 무역 대금 결제 방법 03. 신용장 결제 방식 참고)

국제 무역에서 사용하는 신용장을 'Master L/C'라 하고 해당 'Master L/C'를 근거로 발행하는 국내 신용장을 'Local L/C'라고 합니다.

1) 밀가루 공급 계약 체결

중국 빅바이어에게 수출할 과자를 생산하기 위해 국내 제조자 A 씨는 국내 밀가루 생산자 B 씨와 밀가루 공급 계약을 체결합니다.

2) 내국 신용장 개설 의뢰

국내 제조자 A 씨는 중국 빅바이어가 제공한 Master L/C와 국내 생산자 B 씨와 체결한 물품 공급 계약서를 가지고 자신의 거래 은행(K은행)으로 방문해서 내국 신용장(Local L/C)

개설을 요청합니다.

내국 신용장은 수출 신용장 등의 금액 또는 외국환 은행에서 정하는 원자재 자금 및 완제품 구매 자금의 융자 한도 범위 내(실적 기준)에서 개설할 수 있습니다.

3) 내국 신용장 개설 통보

국내 제조자 A 씨 거래 은행 K은행은 A 씨의 신용도 등을 평가하고 내국 신용장을 개설해서 내국 신용장 개설 사실을 국내 공급자 B 씨 앞으로 통보합니다.

4) 생산 자금 금융 융자

국내 생산자 B 씨는 통지받은 내국 신용장을 가지고 자신의 거래은행(W은행)으로 가서 밀가루 생산에 필요한 자금을 융통합니다.

5) 밀가루 공급

국내 생산자 B 씨는 자신의 거래 은행(W은행)에서 빌린 돈으로 밀가루를 생산해서 국내 제조자 A 씨 앞으로 밀가루를 납품합니다.

6) 내국 신용장 매입

국내 공급자 B 씨는 밀가루를 국내 제조자 A 씨에게 납품했다는 증서와 내국 신용장을 가지고 거래 은행(W은행)으로 다시 찾아가서 내국 신용장을 매입(Nego)해줄 것을 요청합니다. 매입요청을 받은 거래은행(W은행)은 내국 신용장 액면 금액보다 낮은 가격으로 내국 신용장을 매입하고 공급자 B씨에게 매입 대금을 지급합니다.

→ 국내 생산자 B 씨는 생산에 필요한 돈을 빌려서 물품을 공급하고 조기에 물품 대금을 수취할 수 있었습니다.

7) 내국 신용장 추심 의뢰

국내 공급자 B 씨의 거래 은행(W은행)은 매입한 내국 신용장 대금을 국내 제조자 A 씨 거래 은행(K은행) 앞으로 지급(Payment)해줄 것을 요청(추심)합니다.

8) 원자재 무역 금융 융자

국내 제조자 A 씨는 거액의 생산 대금을 지불할 자금 능력은 없지만, 국가에서는 수출 제조자 A 씨를 지원하기 위해 원자재 구입 비용을 저리로 빌려주는 무역 금융 융자를 제공해 주기 때문에 해당 정책 금융 제도를 이용해서 대금을 지불할 수 있습니다.

2. 내국 신용장 혜택

1) 국내 수출자(제조자 A 씨)

수출용 원재료인 밀가루를 국가에서 제공하는 다양한 무역 금융 제도를 이용해서 외상으로 구입합니다. 실제 수출 후 해외 구매자로부터 지급받은 무역 대금으로 외상 대금을 갚습니다. 정책 금융과 시중 금융 이사 차이만큼 자금 부담이 줄어듭니다.

2) 국내 공급자(생산자 B 씨)

내국 신용장으로 물품을 공급하면 수출 실적이 인정되어서 다양한 무역 지원 혜택을 받을 수 있습니다. 또한, 부가세 영세율을 적용받아서 부가세 환급(매입 세액 공제)도 받을 수 있습니다.

3. 내국 신용장 개설 방법

유트레이드 허브 홈페이지 메인화면

내국 신용장은 신용장 개설 의뢰인(Applicant, 국내 제조자 A 씨)이 유트레이드허브(uTradeHub) 홈페이지에서 발급(변경, 취소 포함)받아 국내 생산자 B씨 앞으로 전달합니다.

물품 제조, 가공 과정이 여러 단계일 경우에는 순차적으로 차수 제한 없이 2차, 3차 내국 신용장 발급이 가능합니다.

③ 구매 확인서(Confirmation of Purchase)
(ft. 내국 신용장 차이점)

　내국 신용장과 구매 확인서는 비슷한 제도이지만, 내국 신용장의 혜택과 용도가 구매확인서보다 더 다양합니다. 따라서 구매 확인서는 내국 신용장 개설 한도가 부족한 경우에 차선책으로 발급해서 사용합니다.

1. 거래 Process

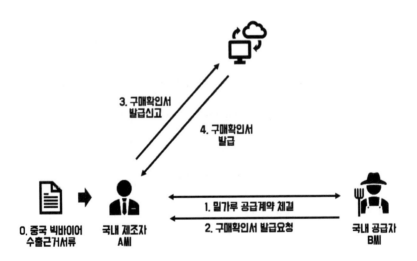

구매 확인서 거래도

0) 거래의 시작

국내 제조자 A씨가 중국 빅바이어에게 수출한다는 증빙 서류(수출 계약서, 수출 신용장, 외화 매입 증명서, 내국 신용장, 구매 확인서 등)를 준비합니다.

1) 밀가루 공급 계약 체결

국내 제조자 A 씨와 국내 공급자 B 씨는 밀가루 공급 계약을 체결합니다.

2) 구매 확인서 발급 요청

국내 공급자 B 씨는 국내 제조자 A 씨에게 구매 확인서 발급을 요청합니다.

★ 국내 공급자 B 씨는 내국 신용장과는 다르게 생산 자금을 조기에 제공받을 수 없고 생산품을 국내 제조자 A씨에게 납품한 뒤 거래 은행(W은행) 앞으로 신용장을 매각(Nego)할 수도 없어서 판매 대금을 조기에 회수할 수 없습니다.

3) 구매 확인서 발급 요청

구매 확인서 발급을 요청받은 국내 제조자 A 씨는 내국 신용장과 동일한 방식으로 '유트레이드허브(uTradeHub)'에 접속해서 구매 확인서 발급을 신청합니다.

4) 구매 확인서 발급

국내 제조자 A 씨는 필수 입력 사항을 기재하고 소정의 수수료를 납부하면 구매 확인서를 즉시 발급할 수 있습니다.

2. 내국 신용장 vs 구매 확인서

내국 신용장과 구매 확인서 모두 외화 획득용 수출품을 국내에서 구입한다는 증서이지만, 구매 확인서와는 다르게 내국 신용장은 은행에서 수출자(제조자 A 씨)와 공급자 B 씨 모두에게 금융 혜택을 추가로 제공하는 점이 다릅니다.

외화 획득용 수출품 생산에 필요한 물품을 공급했기 때문에 국내 수출자(제조자 A 씨)뿐만 아니라 국내 공급자 B 씨도 수출 실적으로 인정받을 수 있고 부가세 영세율도 적용받을 수 있습니다.

분 류	내국 신용장	구매 확인서
근거 법령	한국은행 금융 중개 지원 대출 관련 무역 금융 지원 프로그램 운용 세칙	대외 무역 관리 규정
대상 물품	수출용 원자재 및 수출용 완제품	외화 획득용 물품
개설 조건	무역 금융 융자 한도 내 개설	제한 없이 개설
지급 보증	개설은행 지급 보증	지급 보증 없이 당사자 간 계약만 확인
결제 방식	은행 매입	당사자 간 결제
발급 제한	제한 없음(완제품은 3차까지 가능)	제한 없음
사후 개설	불가	가능
발급 비용	발행 수수료(발행 금액의 약 0.4%)	건당 약 7천 원

내국 신용장과 구매 확인서 차이점

④ 내국 신용장과 구매 확인서 부가가치세(VAT)

1. 영세율 적용 대상(부가가치세법 시행 규칙 제21조)

1) 내국 신용장

수출자가 국내에서 수출용 원재료 등을 공급받기 위해 사업자의 신청에 따라 재화 시기가 속하는 과세 기간이 끝난 후 25일 이내에 개설하는 내국 신용장만 영세율 적용 대상입니다.

2) 구매 확인서

내국 신용장에 준하여 재화의 공급 시기가 속하는 과세 기간이 끝난 후 25일 이내에 발급하는 구매 확인서만 영세율 적용 대상입니다.

----

2. 공급 시기

내국 신용장 또는 구매 확인서에 의해 공급하는 재화의 공급 시기는 '재화를 인도하는 때'입니다. 구체적인 거래 형태에 따른 공급 시기는 『부가가치세법 시행령』 제28조에 열거되어 있습니다.

구 분	공급 시기
1. 재화의 이동이 필요한 경우	재화가 인도되는 때
2. 재화의 이동이 필요하지 아니한 경우	재화가 이용 가능하게 되는 때
3. 위 규정을 적용할 수 없는 경우	재화의 공급이 확정되는 때

거래 형태별 공급 시기

3. 과세 표준

원화로 표시된 경우에는 '해당 금액'을 과세 표준으로 하고 외화로 표시된 경우에는 공급 시기일 현재의 기준 환율 또는 재정 환율로 환산한 금액으로 합니다.

상 황	금 액
수출용 원자재 공급자가 공급하기 전에 공급받는 사업자와 사전 약정을 체결해서 재화의 공급가액을 원화가액으로 확정한 경우	사전 약정에 의해 확정된 원화가액
내국 신용장 등의 개설 당시의 환율을 표시했지만 공급 시기 이후에 외국 통화로 보유하거나 지급받는 경우	재화의 공급 시기의 외국환 거래법에 의한 기준 환율 또는 재정 환율에 의하여 계산한 금액

시점에 따른 과세 표준 산정 방식

4. 세금 계산서 발급

수출용 원자재 등의 국내 공급자가 공급받는 사업자(수출자)에게 재화를 인도할 때 영세율 세금 계산서를 발급합니다.

1) 일반적인 경우

물품의 공급이 이루어지기 전에 내국 신용장과 구매확인서를 신청해서 발급해야 합니다.

하지만 사업자가 재화를 공급한 후 당해 재화의 공급일이 속하는 달의 다음 달 10일 이전에 내국 신용장 등이 개설되고 관계 증빙 서류에 의해 실제 거래 사실이 확인되는 경우에는 '당해 재화의 실제 공급일'을 발행 일자로 해서 '그 공급일이 속하는 달의 다음 달 10일'까지 영세율 세금 계산서를 교부할 수 있습니다.

예를 들어, 실제 재화 공급일이 ×1. 9. 25.이고, 내국 신용장 개설일이 ×1. 10. 5.이라면 재화의 공급일이 속하는 달(9월)의 다음 달(10월) 10일 이전에 내국 신용장이 개설되었기 때문에 '당해 재화의 실제 공급일(×1. 9. 25.)'로 해서 영세율 세금 계산서를 발행합니다.

전자무역 기반 사업자인 유트레이드허브(www.utradehub.or.kr)에서 내국 신용장 또는 구매 확인서를 신청하시면 해당 정보를 국세청과 공유하기 때문에 부가가치세 신고 시 내국 신용장 또는 구매 확인시 사본을 별도로 제출하지 않아도 영세율 적용이 가능합니다.

2) 신고 기한(과세 기간 종료 후 25일 이내) 내 발급

공급일의 다음 달 10일까지 내국 신용장 등이 발급되지 않은 경우, 일반적인 세금 계산서를 발행하고 공급 시기가 속하는 과세 기간 종료 후 25일 이내까지 내국 신용장 등이 발급된다면 수정 영세율 세금 계산서 발행이 가능합니다.

신고 기한 내에만 내국 신용장 등이 발급되면 매출처별 세금 계산서 합계표와 영세율 과세 표준 신고 불성실 가산세를 피할 수 있습니다.

실제 재화 공급일이 ×1. 9. 25.이고 내국 신용장 개설일이 ×1. 10. 15.인 경우를 생각해 보겠습니다.

실제 재화의 공급일이 속하는 달의 다음 달 10일까지 내국 신용장이 개설되지 않았기 때문에 실제 재화 공급일(×1. 9. 25.)에는 일반 세금 계산서(10% VAT)를 발행합니다. 내국 신용장 개설 일자(×1. 10. 15.)에는 당초 발행한 일반 세금 계산서에 대해 마이너스 세금 계산서를 발행합니다. 당초 발행 일자(×1. 9. 25.)로 해서 영세율 세금 계산서를 수정 발급하고 비고란에 내국 신용장 개설 일자(×1. 10. 15.)을 부기합니다.

23. 예정 신고 기간 내 재화 공급하고 확정 신고 기간 내 구매 확인서 개설

재화 공급일	구매 확인서 발급	부가세 신고일
×1. 2. 20.	×1. 6. 30.	1기 확정 신고 (×1. 7. 25.)

사후 구매 확인서 발급(가정)

1. 재화의 공급 시기(×1. 2. 20.)에 일반 세금 계산서(10%)를 발행합니다. 해당 공급일은 1기 예정 신고 기간(×1. 1. 1. ~ 3. 31.)에 공급했습니다.

2. 구매 확인서가 1기 확정 신고 기간 내에 발급되면 최초 발행한 일반 세금 계산서를 작성 일자(×1. 2. 20.)로 해서 마이너스(-) 세금 계산서를 발행하고 영세율 세금 계산서를 수정 발행할 수 있습니다. 예정 신고분에 대해 경정 청구를 해서 환급받는 방법도 있으니 기업에서 편한 방법을 선택해서 사용하면 됩니다.

※ 관련 판례
매월별로 영세율 등 조기 환급 신고를 하는 사업자가 재화를 공급하면서 당해 재화의 공급 시기에 내국 신용장이 개설되지 아니하여 과세분(10%)으로 세금 계산서를 교부하여 신고한 후 당해 재화의 공급 시기가 속하는 예정 신고 기간 내에 내국 신용장이 개설되어 수정 세금 계산서를 교부한 경우에는 당해 수정 세금 계산서를 부가가치세 예정 신고에 포함하여 신고하는 것이며, 예정 신고 기간 경과 후 과세 기간 내에 내국 신용장이 개설되어 수정 세금 계산서를 교부한 경우에는 당해 수정 세금 계산서를 부가가치세 확정 신고에 포함하여 신고하는 것이다. (부가 46015-5048, 1999. 12. 27.).

부록

무역 지식 UP 목록 표
참고 자료

✔ [무역 지식 UP 목록 표]

- 무역 지식 UP 1. HS CODE

- 무역 지식 UP 2. 포장 명세서(P/L, Packing List)

- 무역 지식 UP 3. 선하증권 vs 화물운송장

- 무역 지식 UP 4. SWIFT CODE

- 무역 지식 UP 5. 수입 화물 선취 보증서(L/G, Letter of Guarantee)

- 무역 지식 UP 6. 환어음(Bill of Exchange)

- 무역 지식 UP 7. Debit Note vs Credit Note

- 무역 지식 UP 8. CY(Container Yard) vs CFS(Container Freight Station)

- 무역 지식 UP 9. Line B/L

- 무역 지식 UP 10. 수출신고필증과 실측 중량 차이

- 무역 지식 UP 11. 수입물품 과세가격(Customs Value)

- 무역 지식 UP 12. 체화료(Demurrage Charge) vs 반환 지연료 (Detention Charge)

- 무역 지식 UP 13. ULD(항공 화물 탑재 용기, Unit Load Device)

- 무역 지식 UP 14. 국제항공운송협회(IATA, International Air Transport Association)

[참고 자료]

한국무역협회(KITA), 『무역실무 길라잡이』, 보성인쇄, 21. 4.

한국은행, 『우리나라 외환거래제도의 이해』, 21. 11.

대한무역투자진흥공사(KOTRA), 『내수기업을 위한 종합 수출 가이드북』, 전우용사촌(주), 19. 4.

법무부, 『해외진출 중소기업 법률자문단 법률자문 100선 사례집』, 동광 문화사, 20. 10.

관세청, 『수입신고 정확도 제고를 위한 HSK별 품명, 규격 수입신고 가이드』, 22. 12.

금융감독원, 『외국환거래 위반사례집』, 19. 11.

김철수·윤희만, 『외국환거래법 실무해설집』, 율곡출판사, 20. 6.

이강오·이은자, 『실무사례중심의 무역회계와 세무』, 신우디앤피, 20. 3.

조정철·김형배·윤희만, 『세관조사와 관세형법』, 율곡출판사, 22. 3.

최주호, 『해상과 항공 물류 업무 개념 정리』, 생각나눔, 21. 2.

최주호, 『어려운 무역실무는 가라 온/오프라인 교육 교재 PART Ⅰ, Ⅱ』, 생각나눔, 20. 8.

한국관세물류협회, 홈페이지

미래를 준비하는
실전 무역물류 실무

펴 낸 날   2023년 12월 20일

지 은 이   김호승
펴 낸 이   이기성
기획편집   이지희, 윤가영, 서해주
표지디자인   이지희
책임마케팅   강보현, 김성욱
펴 낸 곳   도서출판 생각나눔
출판등록   제 2018-000288호
주   소   경기 고양시 덕양구 청초로 66, 덕은리버워크 B동 1708호, 1709호
전   화   02-325-5100
팩   스   02-325-5101
홈페이지   www.생각나눔.kr
이 메 일   bookmain@think-book.com

• 책값은 표지 뒷면에 표기되어 있습니다.
  ISBN 979-11-7048-626-8(03320)